MAQUETAS

Editorial Gustavo Gili, SL

Rosselló 87-89, 08029 Barcelona, España. Tel. (+34) 93 322 81 61
Valle de Bravo 21, 53050 Naucalpan, México. Tel. (+52) 55 55 60 60 11

MAQUETAS

LA REPRESENTACIÓN DEL ESPACIO EN EL PROYECTO ARQUITECTÓNICO

Lorenzo Consalez, Luigi Bertazzoni

GG®

1ª edición, 6ª tirada, 2014

Edición original L. Consalez, L. Bertazzoni, *Modelli e prospettive*.
Con el permiso de Ulrico Hoepli Editore, y de los autores,
la edición castellana está formada con la primera
y segunda parte de la edición original

Versión castellana de Laia Escribá Nadal y J. Manuel Navarro García-Sicilia
Diseño de la cubierta: Estudi Coma

Printed in Spain
ISBN: 978-84-252-2084-5
Depósito legal: B. 12.762-2008
Impresión: futurgrafic, Molins de Rei (Barcelona)

ÍNDICE

Introducción

SEGUNDA PARTE

La construcción de la maqueta *(Lorenzo Consalez, Chiara Wolter)*

Introducción

La representación del proyecto de arquitectura abarca un campo extremadamente amplio de conocimientos técnicos y expresivos. Como instrumento hace posible la descripción analítica de las características constructivas y de las operaciones necesarias para pasar del proyecto a la realización. El grado de comunicación que requiere es, por tanto, especializado y utiliza lenguajes, códigos y convenciones accesibles sólo a quien posea un conocimiento profundo de la materia.

De todos modos, la descripción analítica y técnica no agota las exigencias de la representación, puesto que la comunicación requiere otros instrumentos que faciliten la comprensión tanto de las ideas como del contenido de manera sintética. Este segundo grado de comunicación traspasa la esfera de los iniciados en la profesión y se abre a los usuarios, clientes y, en general, a un público que tiene escasa experiencia sobre códigos técnicos.

El objetivo de este manual se centra específicamente en el campo de la representación tridimensional a través de maquetas, un campo que tradicionalmente, se ha encargado de hacer comprensibles las relaciones espaciales, los volúmenes, los colores y, en general, las características de un espacio y de un ambiente que aún no existe o se encuentra lejano y, por tanto, no es accesible por la experiencia directa. El texto tiene un carácter preferentemente didáctico, por lo que está destinado a estudiantes de arquitectura y de diseño.

Nos ha parecido particularmente útil introducir una reflexión profunda sobre la comunicación del proyecto, sea por la exigencia práctica de responder a una demanda que nace en el interior de las universidades y de las escuelas, sea por el especial papel formativo que creemos reconocer en el ejercicio de la transmisión de las propias ideas.

El manual se estructura como un texto muy detallado: restituye un saber práctico, desglosando sus componentes de tal modo que describan, paso a paso, el procedimiento necesario para obtener un resultado complejo a partir de la suma de operaciones simples. Justamente ésta es la estructura elegida en las partes descriptivas del texto. De todos modos, se hace evidente que las operaciones necesarias para obtener una representación requieren también una definición del grado de síntesis adecuado a los objetivos comunicativos prefijados. Esta operación no es técnica sino mental. El manual debe, por ello, no sólo contener la descripción de **cómo** realizar una determinada parte, sino también debe transmitir el **porqué** de la elección de una posibilidad entre las muchas disponibles.

Tal elección supone, por sí misma, una operación proyectual y, como tal, no puede ser descrita a través de una receta. Es mucho más útil, a nuestro parecer, mostrar a través de ejemplos y analogías el desarrollo y la variedad de las diversas elecciones.

Por ello, en el texto están presentes —bien en las partes específicas o bien en el interior de los capítulos operativos— ejemplos y descripciones de algunas experiencias profesionales y didácticas recientes, de las cuales se destila, de manera evidente, la relación entre los materiales y los tratamientos elegidos para dichas representaciones, respecto a los materiales y el tipo de arquitectura que estas representaciones describen. La intención es subrayar que la elección de la representación va estrechamente unida a las elecciones proyectuales.

También se ha atribuido una especial importancia al papel operativo de la representación tridimensional. El uso de maquetas y perspectivas integradas en el proceso del proyecto puede convertirse para el proyectista en un modo de verificar la validez de la solución, sugerir matices diferentes en el estudio de los volúmenes, de los materiales o de los colores. En cierto modo, se pretende insistir en que habituarse a hacer comunicable el proyecto es de gran ayuda, no sólo en la transmisión de la información, sino también en la elaboración de las ideas.

La importancia del uso de maquetas en la representación de los proyectos viene determinada por dos razones fundamentales.

En primer lugar, debido a la especialización general que ha supuesto el uso del ordenador, las técnicas tradicionales de representación sintética parecen haber adquirido una nueva vitalidad, gracias a su capacidad para resumir de manera inmediata las características de un proyecto complejo. Por otro lado, en las instituciones de enseñanza, la utilización de técnicas alternativas y de hábitos compositivos asociados a éstas es poco frecuente. En cambio, se dedica extrema atención al estudio de las técnicas de dibujo y a la elaboración de maquetas arquitectónicas. Sin embargo consideramos de gran interés la interpretación de las técnicas de síntesis material, habitual en las escuelas del norte de Europa, que encuentran una aplicación válida incluso en la elección de los materiales a utilizar en las maquetas. Consecuentemente, en los capítulos relativos a la ordenación de los espacios exteriores, a los materiales y a la vegetación hemos descrito cómo utilizar dichas técnicas.

La decisión de privilegiar, en la parte operativa del texto, las técnicas tradicionales es una elección didáctica y, a la vez, práctica. En este sentido, este libro ofrece un acercamiento a la representación tridimensional que puede ser inmediatamente operativa, favoreciendo, en consecuencia, la descripción de metodologías que limiten el uso de máquinas informáticas y mecánicas y permitan una respuesta lo más precisa posible a las elecciones de representación más comunes.

Conceptos introductorios 1
Y escalas de representación

1.1 La maqueta de arquitectura

Anticipo de realidades futuras y objetos de preciosismo artesanal, las maquetas de arquitectura despiertan una fascinación e interés a los que se superponen la dimensión técnico-operativa y los contenidos lúdicos. Constituyen simultáneamente objetos de estudio, instrumentos de representación y resultados formales autónomos de un proceso creativo que puede, en casos extremos, sintetizar en la propia maqueta todos los contenidos de la búsqueda proyectual del autor. De todas maneras, su interés principal reside en la importancia que esta forma de representación ha alcanzado en la arquitectura, sea en relación a los modos tradicionales de expresión del proyecto, sea en el marco de las nuevas condiciones que el uso del dibujo asistido por ordenador ha generado.

Una vez superado el período en que la arquitectura dibujada y bidimensional parecía agotar la imaginería de la investigación de los arquitectos, asistimos a un creciente interés por formas de representación tridimensionales. Y resulta curioso constatar que el renacer de este interés viene unido al desarrollo de las aplicaciones de dibujo asistido por ordena-

dor y de los rendering. Es útil comprender los canales a través de los cuales los dos fenómenos interaccionan y cómo, en consecuencia, la actualidad de la maqueta-representación se nutre de la progresiva especialización y sectorización que el dibujo asistido por ordenador ha introducido en el proceso de proyecto.

1.2 El papel de la maqueta hoy

"La necesidad de tridimensionalidad y materialidad en los sistemas de representación ha llevado, en los últimos tiempos, a revalorizar especialmente el papel de la elaboración de maquetas, entendido como anticipación tridimensional a escala reducida de la propuesta arquitectónica".

Esta afirmación, contenida en un reciente ensayo escrito en ocasión del seminario ofrecido por la Università di Reggio Calabria, *L' immagine mediata dell' architettura*,[1] es correlativa al reconocimiento, en las más recientes corrientes de la producción del proyecto de arquitectura, de dos fenómenos producto de las variadas condiciones generadas por el uso del ordenador: "El proceso de síntesis en relación con las actitudes operativas del proyectista",[2] es decir, el resultado de la progresiva espe-

1.1

3

cialización de las competencias, que conlleva una mayor concentración sobre actitudes puramente disciplinarias y "La formación de técnicas mecanizadas del papel",[3] esto es, la posibilidad de representar un objeto por partes separadas que describa una fase muy específica de la totalidad del proceso.

Está claro que estas tendencias –que hacen factible desde el punto de vista de la realización, operaciones extremadamente complejas– plantean el problema de la visión y el control del proyecto en su conjunto. Como consecuencia, cada vez se hace más necesario disponer de instrumentos de representación y de síntesis (entre ellos la maqueta), que hagan inmediatamente comprensible una lectura de por sí compleja. El papel de la maqueta, además, trasciende la simple descripción sintética del proyecto que se desea representar, en al menos dos aspectos: el primero consiste en el papel operativo que la maqueta asume durante el desarrollo del proyecto, como banco de pruebas de diferentes soluciones proyectuales que sólo la verificación tridimensional puede confirmar o poner en crisis. El segundo reside en la expresividad que caracteriza a la maqueta en tanto que objeto, es decir, su autonomía formal respeto al proyecto real que representa. Desde el punto de vista del observador el valor objetual y la posibilidad imaginativa y lúdica que ofrece la reducción de escala junto con "la posibilidad de obtener puntos de vista irreales y privilegiados",[4] son componentes insustituibles. La maqueta debe revelar capacidad de síntesis para conseguir representar la esencia del proyecto en la reducción de escala y, a la vez, habilidad técnica, de modo que "los lenguajes indirectos derivados de las múltiples elecciones operativas tales como materiales, técnicas constructivas, colores, tratamientos de superficies, etc., estén regulados según un saber compositivo".[5]

1.3 Maquetas de trabajo

Las características anteriormente descritas están presentes en las maquetas de trabajo como instrumentos de proyecto. A pesar de la forma extremadamente sintética que las caracteriza deben presentar todos los contenidos expresivos que permitan la descripción del proyecto. Por tanto, requieren una extrema intencionalidad y conocimiento de las características fun-

1.2

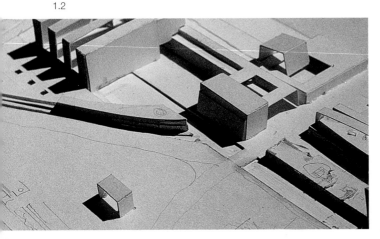

1.1. H. Nijric y H. Nijric. Estudio de implantación sobre un declive. Maqueta de estudio de poliestireno expandido. Escala 1:200.

1.2. R. Cecchi y V. Lima. Concurso para la reestructuración del Spreebogen. Maqueta de estudio de cartulina. Escala 1:1.000.

1.3. A. Palladio. La Rotonda (maqueta en madera de G. Sacchi). Escala 1:50.

1.4. Maqueta en cartulina, madera y plexiglás. Escala 1:500.

damentales del proyecto: para ser válidas precisan que la descripción sea capaz de aislar (y representar) solamente las características realmente determinantes para el sentido y reconocimiento de lo representado (fig.1.1).

Es importante tener en cuenta que, contrariamente a las maquetas de presentación que pueden ser realizadas por encargo y, por tanto, fuera del estudio del proyectista, las maquetas de trabajo deben ser realizadas, dado su valor instrumental, dentro de la estructura de proyecto (fig.1.2).

1.4 El proyecto de la maqueta

Es evidente que la superposición de significados y de contenidos mediáticos de la maqueta implica la necesidad de un pensamiento proyectual específico al respecto y, en particular, sobre dos aspectos determinantes: la *forma* y el *material*.

En lo referente a la *forma* –tema desarrollado ampliamente en el capítulo correspondiente–, lo importante es la elección del tipo de maqueta que se quiere realizar, pues la reducción de la escala de representación

implica que el uso de la maqueta es muy diferente de la realidad que describe. Es decir, como en la práctica no es posible que la maqueta permita los recorridos que se darán en el edificio real, sino que las vistas son selectivas, es importante elegir una escala y unos cortes en sección adecuados con la presencia de partes móviles o fijas, encaminados a generar una jerarquía en la lectura del proyecto basada en las propias características compositivas y distributivas. De ello deriva la realización de un objeto que existe, como en el caso de las maquetas en sección, solamente en el mundo de la representación, pero que no corresponde tipológicamente a ningún edificio real. Simplemente describe, selectivamente, algunas vistas y características del edificio (fig.1.3).

El tema de la *materia* se presenta bajo un doble aspecto. Primero, la elección del material o materiales en consonancia con el tipo de maqueta que se quiera realizar (de trabajo o de presentación) y en función de la relación que existe entre el material de la maqueta y las elecciones proyectuales. Segundo,

1.3

1.4

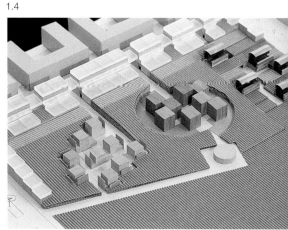

la definición de la *naturaleza material de las partes de la maqueta*. La representación ofrece la posibilidad, especialmente en proyectos que se refieren a usos del programa, de describir en términos tipológicos las distintas partes, omitiendo las características físicas y geométricas de los materiales, o sea, su caracterización exacta final. De hecho, la utilización de dos cartulinas, una rugosa de material reciclado y otra lisa y de color uniforme, no describe la naturaleza física de ambos materiales, sino que anticipa sólo sus características recíprocas; el hecho de que el primer material sea más natural, más irregular y más áspero que el segundo puede indicar que uno sea arena y el otro pavimento, pero no necesariamente. El grado de síntesis de este tipo de representación permite enfrentarse a la articulación de programas complejos sin anticipar especificaciones que podrían ser contradichas durante el proceso proyectual. De este modo, la maqueta asume un papel operativo más acentuado, en cuanto su elaboración puede preceder (y por lo tanto orientar) la definición exacta de todas las características del proyecto (fig.1.4).

1.5 Maquetas volumétricas y maquetas analógicas

Si en la tradición moderna la maqueta de arquitectura estaba construida básicamente de un sólo material, monocroma y volumétrica, paralelamente al redescubrimiento general de la maqueta como instrumento de trabajo y comunicación del proyecto, se asiste a una elaboración de formas y acabados. Las maquetas que no limitan su descripción a las características volumétricas del proyecto, son las que se utilizan normalmente en el modelismo ferroviario, y también son práctica habitual en las que encargan las agencias inmobiliarias. De este modo, los colores de los edificios o los materiales de complemento, como terciopelos verdes para representar la hierba o árboles a escala realizados con colores y materiales directamente analógicos (líquenes, esponjas, poliuretano), representan de forma directa la imagen arquitectónica y el ambiente. No obstante, los resultados se presentan de modo aparentemente menos riguroso respecto a la imagen icástica de las maquetas de un solo material donde se hace necesario un atento trabajo de síntesis para evitar (o enfatizar) el

1.5 a,b

contenido *kitsch* que los materiales analógicos fácilmente proporcionan. El resultado del uso de materiales que ofrecen de modo analógico o sintético la realidad es la construcción de una imagen inmediatamente reconducible a la realidad misma y, por lo tanto, el papel comunicativo de la maqueta puede superar el umbral de la comunicación entre iniciados (fig.1.5 a, b). Prueba y consecuencia de ello es el uso, cada vez más frecuente, de la maqueta como instrumento de presentación del proyecto, la exhibición de maquetas en exposiciones para el gran público y el progresivo acercamiento a los lenguajes de las maquetas comerciales, es decir, destinadas a usuarios genéricos (por ejemplo, las maquetas de las inmobiliarias) y el uso de las maquetas arquitectónicas.

1.6 La construcción de la maqueta

En el proyecto de la maqueta los problemas a afrontar se pueden resumir en varios puntos:

a - Relación entre el tipo de arquitectura que se quiere representar y las características técnicoexpresivas de la maqueta. En el apartado siguiente del presente capítulo se

pretende describir, a través de la ilustración de algunos ejemplos, la relación entre las técnicas y los materiales de la maqueta con respecto a las decisiones de proyecto; así como hacer notar que a cierta arquitectura le corresponden, en la representación tridimensional, materiales específicos; o, incluso, que la tipología de la maqueta, sobre todo en el caso de representaciones parciales (maquetas de fachadas o secciones), puede orientar al proyectista en las decisiones técnicas. Sin embargo, al considerar la idoneidad de determinados materiales para representar una arquitectura específica, no debemos ignorar los contenidos expresivos específicos que tienen las maquetas en sí mismas, sea por motivos históricos o, simplemente, por su valor objetual. Una construcción en madera maciza, por ejemplo, independientemente de la arquitectura que representa, remite a un cierto carácter de objeto valioso y a una tradición extremadamente consolidada desde el punto de vista histórico: la de la maqueta renacentista y sus implicaciones artísticas y técnicas.

b - Unidad entre las técnicas de proyectación y de realización de las obras proyectadas. El *nivel* de las técnicas de simulación proyectual debe necesariamente corresponder al de su realización. Valga el ejemplo de las soluciones técnicas más atrevidas de la arquitectura reciente (por ejemplo, Frank O. Gehry) en las cuales la extrema libertad de las formas está relacionada con el uso, sea proyectual o de representación de técnicas de dibujo asistido por ordenador derivadas del software utilizado en la tecnología aerospacial. Con todo, es difícil que la construcción de la maqueta alcance el nivel técnico de la realización: es práctica habitual, incluso en las maquetas construidas

1.5. a y b Domus Academy. Proyecto de diseño urbano. Maqueta en plásticos y papel. Escala 1:100.

1.6

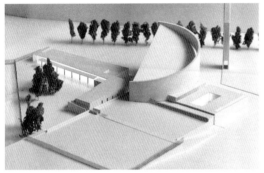

1.7

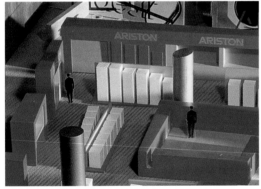

1.8

con técnicas de vanguardia (y que por tanto, quedan fuera de la descripción operativa del presente manual) la coexistencia de partes realizadas con instrumentos y materiales de alto contenido técnico y partes efectuadas de modo artesanal. En la realización de un objeto complejo como la maqueta de arquitectura es bastante improbable que se utilice una única técnica, o mejor dicho, que se utilice un solo nivel técnico para las diferentes partes de las que está compuesta.

c - Relación entre maqueta y usuarios. Esta parte tiene que ver con el papel comunicativo de la maqueta. Es evidente que la distinción que hemos establecido entre técnicas de representación de maquetas para el "gran público" y maquetas para "iniciados" no evita la necesidad de plantearse qué tipo de maqueta se pretende realizar en función del uso que queremos hacer de ella. Así, la síntesis extrema de una maqueta de trabajo realizada para la comunicación entre proyectistas (en un ámbito didáctico o profesional), tendrá una lectura menos directa que una maqueta construida para ser exhibida en una exposición dirigida al gran público. Y al contrario, sería antieconómico el uso de materiales y acabados extremadamente sofisticados en un ámbito en el cual el grado de elaboración del proyecto o simplemente el tipo de comunicación deseado no lo requiriera.

1.6. C. Zucchi: maqueta de plancha al magnesio fotograbada y cobre barnizado. Escala 1:5.000.

1.7. Proyecto de iglesia en Roma. Maqueta con materiales plásticos. Escala 1:200.

1.8. Estudio Ga. Maqueta de pabellón realizada con materiales plásticos. Escala 1:100.

1.9. R. Piano. Estadio de Bari (maqueta en madera de G. Sacchi). Escala 1:100.

1.7 La escala de representación

La escala de representación describe la relación de reducción que existe entre la maqueta de arquitectura y la realidad. La elección de una escala viene determinada por algunos factores:

El uso de escalas convencionales: analógicamente a lo que ocurre en los diferentes tipos de representaciones bidimensionales, también en las maquetas es preferible utilizar relaciones de escala convencionales (por ejemplo, 1:50, 1:100, 1:200, etc.) de modo que la lectura y la decodificación intuitiva de las medidas resulten más cómodas. Este hecho no excluye que, en casos muy particulares, puedan ser adoptadas escalas distintas de las canónicas.

La escala del proyecto y, en consecuencia, la tipología de la maqueta que lo representa: si el proyecto abarca un ámbito territorial, viario o urbanístico se hace necesario el uso de *escalas territoriales* (1:5.000, 1:2.000, 1:1.000), cuya descripción tiene en cuenta

la estructura del terreno y la presencia de eventuales accidentes geográficos, las trazas viarias, los volúmenes de las construcciones y, en ocasiones, las características materiales de los diferentes elementos (fig. 1.6). En el caso de proyectos urbanos o arquitectónicos, la utilización de *escalas arquitectónicas* (1:500, 1:200, 1:100, 1:50) permite la descripción más analítica de las características dimensionales y, en el caso de escalas menores, incluso de algunos elementos estructurales o decorativos (fig.1.7). Finalmente, *las escalas de detalle* (1:50, 1:20, 1:10, 1:5) se usan para exteriores muy detallados, maquetas parciales (fachadas, secciones, detalles), maquetas de interiores, de ambiente o de mobiliario (fig. 1.8).

El grado de definición del proyecto: el paso de una escala de representación general a una más analítica depende directamente del grado de elaboración proyectual. En la práctica la maqueta, al igual que otros tipos de

1.9

representación, no debería describir aspectos sobre los que no exista aún, en los diferentes grados de síntesis, un conocimiento proyectual. Es inútil, por ejemplo, construir una maqueta a escala 1:100 de un edificio del cual solamente se hayan estudiado las características volumétricas, ya que pueden ser descritas eficazmente a 1:200.

El objetivo de la maqueta: dependiendo de que se trate de una maqueta de trabajo o de presentación se pueden adoptar, para un mismo proyecto, escalas de representación distintas. Una maqueta de presentación presupone la presencia de un proyecto ya elaborado de modo exhaustivo, lo que permite, tal y como se afirma en el punto precedente, la adopción de una escala detallada. Por otra parte, el uso al que esté destinada la maqueta también puede influir en la elección de la escala. Si su observación se realiza desde una posición un tanto alejada (como es el caso de algunas maquetas de exposición), puede ser oportuno adoptar una escala mayor a la que correspondería el grado de detalle del proyecto (fig.1.9).

La elección del material: normalmente la elección del material está determinada por consideraciones de orden expresivo y no influye sobre la elección de la escala de representación de la maqueta. En el caso de materiales de difícil elaboración (plexiglás grueso, piedra, cemento), elegidos para representa-

ciones que privilegian los aspectos matérico-expresivos respecto a los descriptivos, puede ser técnicamente necesario realizar, para un mismo proyecto, maquetas de mayor dimensión (y, por lo tanto, de menor escala) que si se hubieran utilizado técnicas tradicionales. Se trata, obviamente, de un campo muy limitado, más cercano a las modalidades constructivas del objeto artístico que a las técnicas de maquetas.

---

1. F. Ragazzo, "Modelli di architetture - disegni e tecniche", *L'immagine mediata dell'architettura* (ed. a cargo de M. Giovannini). Actas del seminario de trabajo, Università degli Studi di Reggio Calabria, Facoltà di Architettura, Gangemi, mayo 1995, p. 19.

2. F. Ragazzo, *op. cit.*, p. 20.

3. F. Ragazzo, *op. cit.*, p. 20.

4. G. Vragnaz, "Rassegna-(Maquette)", Electa Milán, 1987, p. 5.

5. G. Vragnaz, *op. cit.*, p. 5.

LA ELECCIÓN 2
DE LOS MATERIALES

2.1 El significado expresivo de los materiales

En la parte operativa de este texto se ha preferido presentar solamente las técnicas manuales, que permiten la realización de eficaces representaciones a través del uso de instrumentos como cortadores, fresas manuales, colas y colores, excluyendo el uso de máquinas eléctricas. Esta elección se ha adoptado por la inmediatez que esas técnicas permiten –y que, por tanto, posibilitan la difusión operativa del uso de la maqueta en cada fase del proyecto–, y por el destino eminentemente didáctico que ha animado el proyecto editorial. En consecuencia, presentamos solamente los materiales disponibles en láminas (papel, plásticos, chapas metálicas y de madera), y han sido excluidos los que requieren, por sus características mecánicas, trabajos de tipo técnico o complicados, como la madera maciza, los metales, las piedras y los plásticos gruesos. En estos casos es necesario el uso de sierras y de fresas eléctricas o incluso de máquinas con control numérico.

De todos modos, hemos considerado útil presentar, a título de ejemplo, maquetas más elaboradas y realizadas con materiales diferentes, para ilustrar los motivos que han orientado, desde el punto de vista práctico y conceptual, la elección de esos materiales y técnicas concretas. Los factores son múltiples y, obviamente, no todos relacionados

con la dimensión expresiva del proyecto. Es posible que consideraciones económicas, de tiempo o de accesibilidad a las técnicas hayan conducido a excluir ciertas posibilidades que, tal vez, sería oportuno adoptar. En el sentido más estrechamente disciplinar, se deben valorar la tipología del proyecto, el destino de la maqueta y sus contenidos expresivos.

El papel operativo: la elección de un material, debe tener en cuenta sus características técnicas en relación a la función de la maqueta: si se trata de una maqueta de trabajo o de presentación. Así, una maqueta de trabajo se realiza generalmente con cartulina o porexpán, que facilitan las modificaciones y permiten rapidez de ejecución. En cambio en una maqueta de presentación, que está concebida como producto acabado, las necesidades de modificación son poco relevantes, mientras que la precisión, la solidez y la calidad de ciertos materiales permiten la realización de objetos cuya imagen y duración son superiores.

Factores culturales: es innegable que la elección de los materiales está influida por el bagaje cultural del proyectista. Durante años, la maqueta culta de arquitectura ha tenido como material de realización exclusivo la madera maciza (es el caso de Giovanni Sacchi, maquetista milanés, la inmensa producción del cual ha acompañado la realización de los principales proyectos de diseño y de arquitectura desde la posguerra hasta hoy).[1] El uso de la

2.1

2.1. P. Nicolin. Proyecto
para el estadio de Reggio
Calabria (maqueta en
madera de G. Sacchi).
Escala 1:500.

2.2. A. Rosi y I. Gardela.
Teatro Carlo Felice en
Génova (maqueta en
madera de G. Sacchi).
Escala 1:200.

2.2

madera maciza corresponde a una tradición cultural de origen renacentista que criticaba el excesivo naturalismo de la maqueta en favor de una síntesis capaz de abstraer las características volumétricas y de evitar "las ilusiones y los estupores del ojo".[2] El reciente redescubrimiento de la dimensión material del proyecto y el uso del color, la difusión del *kitsch* como categoría a considerar incluso en ámbitos cultos, la influencia en la proyectación arquitectónica de disciplinas tradicionalmente menos severas, como el diseño y el diseño de interiores, ha abierto nuevos campos a la experimentación formal de este especial sector de la proyectación que se dedica específicamente a la maqueta. Así, colores y materiales heterogéneos e incluso "vulgares" pasan a ser adecuados para la representación, de carácter sintético o analógico, que los diferentes tipos de maquetas ofrecen, sin refutar *a priori* el contenido vagamente "pop" que dicha aproximación expresa.

Relación entre materiales de maqueta y características del proyecto: es el punto que tiene que ver más directamente con "el significado expresivo de los materiales", es decir con la relación que existe entre las diferentes posiciones proyectuales y las elecciones de representación. En los puntos siguientes del capítulo, la representación de las diversas posibilidades se produce de modo analítico, a través de una selección de maquetas que haga explícita esta relación. En líneas generales, es posible reconocer en la historia de las maquetas de arquitectura una pertenencia de determinadas técnicas a ámbitos culturales y proyectuales específicos. Así, la adopción de maquetas de madera maciza para el estudio y la presentación de las grandes fábricas renacentistas, que corresponde al nacimiento del arquitecto pro-

yectista como figura autónoma en la cultura occidental, (cf. Rasegna *cit.*) describe un camino aún vivo. Maquetas de madera para representar arquitecturas de clara implantación volumétrica, con una relación con el suelo y con el territorio extremamente precisas. Es el caso de maquetas realizadas en años recientes por Giovanni Sacchi para algunos proyectos de Pierluigi Nicolin (fig. 2.1) o Aldo Rossi (fig. 2.2), en los cuales las relaciones tectónicas y volumétricas están expresadas de un modo casi escultórico en la síntesis de la maqueta. En la arquitectura del norte de Europa, y de manera particular en los trabajos de un maestro reconocido como es Rem Koolhaas, la atención por los aspectos programáticos del proyecto y por la definición material de las partes, unido a una extrema libertad compositiva, se traduce en la elaboración de maquetas extremadamente sofisticadas en plástico, plexiglás, metal y otros materiales. En este caso, la representación privilegia, además de los aspectos volumétricos, la definición matérico-cromática de las partes y la síntesis de los aspectos programáticos del proyecto.

En la arquitectura japonesa (citamos a título de ejemplo el caso de Tadao Ando) la herencia de una tradición atenta a una extrema síntesis de signos, sea proyectual sea representativa, se traduce en la elaboración de maquetas en papel o en madera en las cuales la ligereza y el minimalismo de los tratamientos describen de manera especular la extrema rarefacción ambiental de los edificios reales.

Para finalizar, incluimos la maqueta realizada por los arquitectos milaneses Roberto Gabetti y Aimaro Isola con motivo de la presentación del proyecto de palacio de oficinas para la sociedad Snam en San Donato Milanese. El edificio, que se presenta como una composición de volúmenes acristalados de sabor ligeramente expresionista, está representado a través de una maqueta que omite la extrema complejidad técnica del edificio para describir, a través del uso de prismas de cristal macizo pegados, solamente la idea compositiva original del proyecto.

La relación disciplinar entre los materiales de la maqueta y los del proyecto no agota los aspectos expresivos de las diferentes elecciones. De hecho, también encierra un contenido que no tiene que ver con cuestiones directamente proyectuales, sino más bien con el destino de la maqueta, a su propio disfrute en cuanto que objeto formal autónomo en sí mismo. En la práctica, dado que la representación posee una marcada especificidad en sí misma, no se pueden evitar valoraciones de orden estratégico en la elección del grado económico y formal a adoptar. Es evidente que una maqueta realizada con materiales valiosos y técnicas refinadas será mas adecuada en el caso de que esté destinada a la presentación a un empresario que debe decidir sobre una financiación importante, que una maqueta de trabajo que sólo comunica un cierto grado de elaboración.

Posibilidad de control del conjunto de las fases de proyecto: la elección de una caracterización material de las diferentes partes constitutivas del proyecto (y no, como ya se ha anticipado, su realidad material) permite el control de las fases desde al menos dos puntos de vista diferentes. Por una parte, conlleva una síntesis que puede preceder, en el ámbito de estudio, a la elaboración definitiva, por cuanto desvela las relaciones recíprocas entre las partes sin comprometer las decisiones definitivas que, por lo tanto, quedan abiertas. Por otra parte, ante programas complejos y expuestos a continuas variacio-

nes, ofrece la posibilidad de realizar trabajos de presentación que mantengan el grado de abstracción necesario para trabajar en condiciones de "inestabilidad programática". Obviamente, una estrategia simple de este tipo requiere instrumentos descriptivos articulados y detallados que, en consecuencia, favorece el uso de materiales heterogéneos y muy expresivos frente a la maqueta tradicional que sólo podía elaborarse a partir de un proyecto "acabado", para asumir su forma definitiva y escultórica de la madera maciza tallada con sierras mecánicas.

2.2 Maquetas en madera

Las maquetas en madera pueden ser realizadas según dos procedimientos diferentes y con distintos resultados expresivos. En el primer caso, que requiere para su elaboración el uso de máquinas adecuadas, el material de base es macizo. Las maquetas en madera maciza presentan algunas características específicas (fig. 2.3). A parte del gran valor objetual y el preciosismo que por motivos históricos y materiales comunican, este tipo de maquetas se relaciona con un tipo de arquitectura de gran impacto volumétrico y tectónico. La maqueta de Giovanni Sacchi para un proyecto de Gino Valle (fig. 2.4) lo ilustra de manera extremadamente representativa. El escrito de P. A. Croset que describe el proyecto resume eficazmente las características de tal arquitectura y ofrece, en consecuencia, una clave interpretativa de la elección técnica relativa a su representación. Escribe el crítico: "A gran escala, Valle pro-

2.3. Sottsass Associados, concurso "The peak", Hong Kong (maqueta en madera de G. Sacchi). Escala 1:100.

2.4

pone, en colaboración con Mario Broggi y Michael Burckhardt, modelar la totalidad del terreno como una obra *land-art:* gestos elementales como levantar un muro o definir un zócalo mínimo de tres escalones resultan suficientes para obtener una imagen bien diferente de la arquitectura tradicional industrial y dejar una fuerte huella en el paisaje de la arquitectura padana".[3] La maqueta, cuidadosamente proyectada para exaltar sólo las características volumétricas de los edificios y su relación con los leves desniveles, artificiales y naturales, de la llanura, sintetiza las características constitutivas del proyecto sin hacer concesiones a aspectos decorativos o matéricos. Cabe destacar la distribución geométrica

de los árboles realizados con bolitas de madera pintadas que reducen la vegetación a su forma geométrica elemental.

Las maquetas de madera maciza, que son objetos de gran efecto, están desaconsejadas en el caso de proyectos cuyas intenciones y fases de desarrollo no sean tan decisivas como en el ejemplo mencionado. En una entrevista a P. Polato, Donato D'Urbino afirma: "Las maquetas de Sacchi son demasiado bellas [...] La forma [...] es tan presente, real y valiosa que se hace difícil imaginar el resultado de eventuales modificaciones. [...] Una maqueta de Sacchi, más que para trabajar con ella, tiene valor para ser presentada a un consejo de administración que debe decidir su realización".[4]

El caso de maquetas realizadas en chapas de madera o madera de balsa es parcialmente diferente. Su ejecución las acerca a las técnicas que se utilizan en la ejecución de las maquetas realizadas con hojas de papel o cartulina. El resultado es similar, salvando algunas diferencias de consistencia y calidad matérica. La madera mantiene, incluso en láminas, un fuerte carácter objetual. Las distintas calidades disponibles se pueden utilizar para distinguir las diferentes partes del proyecto o para individualizar (análogamente a lo que ocurre con el color) las partes relativas al proyecto de las preexistentes (fig. 2.5).

2.3 Maquetas en papel y cartulina

Las técnicas que se adoptan para realizar las maquetas en papel o cartulina pueden ser utilizadas también con otros materiales suministrados en láminas (plásticos finos, láminas de madera, etc.). En el caso de maquetas a escalas territoriales y urbanísticas, las curvas de nivel, las calles y los volúmenes de los edificios se realizan aprovechando las características mecánicas del material, es decir su suficiente rigidez en superficies reducidas. En el caso de maquetas arquitectónicas, en cambio, es preciso rigidizar la maqueta ya que el papel y la cartu-

lina, sin estructuras auxiliares, resultarían excesivamente frágiles y flexibles. La maqueta se construirá por tanto, con una estructura a modo de caja (generalmente cartón-pluma o cartón, menos fácil de cortar) revestido con uno o más estratos que aportarán las características materiales y decorativas de la arquitectura. Así pues, es preciso realizar un estudio analítico para descomponer los planos de la fachada según los estratos de los que esté compuesta la estructura. Estos se realizarán uno por uno y se montarán sucesivamente sobre la estructura de base. Desde el punto de vista expresivo, el procedimiento resulta particularmente eficaz para arquitecturas en las cuales el tema de la fachada y del revestimiento asumen una importancia especial. La variedad disponible de grosores de cartulinas y láminas de plástico facilita la representación de planos de fachada cuya expresividad se desprende de mínimas variaciones de grosor del revestimiento, de detalles decorativos en forma de bajorrelieves y, en general de diferencias difícilmente interpretables con materiales macizos (fig. 2.6).

El procedimiento necesario para construir una maqueta revestida, aún requiriendo una extrema precisión ejecutiva, es el más asequible, pues no son necesarias máquinas para la elaboración de los materiales. Por ello, ha sido

2.4. G. Valle, M. Broggi y M. Burckhardt. Proyecto para un establecimiento Brion Vega en Agrate (maqueta en madera de G. Sacchi). Escala 1:500.

2.5. R. Cecchi y V. Lima. Proyecto de reordenación del área de S. Vittore en Milán. Maqueta en madera y chapas. Escala 1:500.

2.5

adoptado como el método que guiará la parte descriptiva del texto. La versatilidad de esta técnica permite, de hecho, además del uso específico en la interpretación de arquitecturas que tratan el tema de la fachada, todo tipo de realización, desde la maqueta urbanística al detalle de interior.

Un caso particular de maquetas que, análogamente a lo que se ha tratado al inicio del apartado, aprovecha las características mecánicas y expresivas del papel, son las maquetas *kirigami*. Realizadas con simples cartulinas recortadas y desarrolladas en tres dimensiones, estas maquetas describen las líneas principales (planos horizontales y verticales) de la estructura del edificio y de las características del terreno. En realidad abstraen, como un esqueleto, las geometrías básicas de un proyecto (fig. 2.7). Las maquetas de trabajo o representaciones sintéticas de la idea de proyecto son especialmente indicadas para representaciones de arquitecturas construidas con planos, lamas

horizontales, líneas cartesianas prevalentes en una dirección o, también, infraestructuras y grandes hitos en el paisaje, siempre a escala geográfica (fig. 2.8). Este tipo de maquetas resalta el tema de la línea, de la ligereza y del dinamismo, y es eficaz, además de para la representación sintética de los edificios, para la descripción de contextos claramente marcados por infraestructuras o con evidente contraste entre infraestructuras y morfología del paisaje.

Las maquetas en papel se caracterizan por una extrema flexibilidad práctica: de hecho permiten, en diferentes fases de trabajo, variaciones extremadamente simples. Eso permite verificar diferentes opciones con el simple uso de cortadores.

2.6. R. Cecchi y V. Lima. Piscina municipal en Pioltello. Maqueta en papel y cartulina. Escala 1:200.

2.7. Proyecto para el hospital de Varese. Maqueta *Kirigami* en papel. Escala 1:500.

2.8. C. Zucchi. Maqueta en cartón blanco. Escala 1:5.000.

2.6

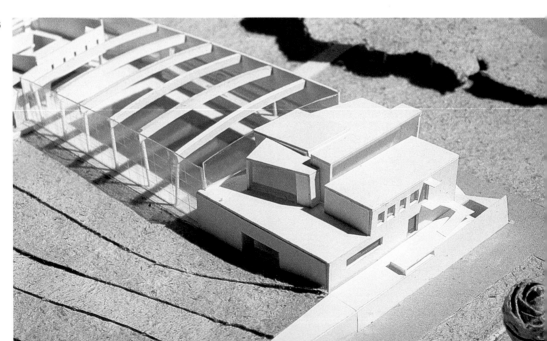

2.4 Maquetas en plástico y materiales heterogéneos

Se consideran "maquetas en plástico y materiales heterogéneos", agrupadas bajo la categoría de materiales de construcción, aquellas maquetas en las cuales la representación material y la manifestación de las diferentes partes constitutivas del proyecto asumen un papel principal. El objetivo de la representación conlleva el uso de diferentes materiales, generalmente poliestireno (poliestireno extrusionado en placas), plexiglás y colores. Destinadas a la definición de relaciones recíprocas entre los materiales más que a la definición de su realidad física, esta clase de maquetas es adecuada para proyectos de tipo programático, en los cuales se definen algunas relaciones estables pero no una materialidad efectiva. Se trata, por ello, de representaciones en general a escala urbanística, extremadamente sofisticadas desde un punto de vista expresivo pero bastante abstractas (al menos respecto a la maqueta tradicional) en la descripción de las características físicas de los contextos y de los edificios (figs. 2.9 y 2.10).

Debido al carácter conceptual de la representación, la elección de los materiales de la maqueta puede asumir su autonomía con respecto a la realidad física, ya que la prioridad no es describir las partes en su naturaleza material, sino esclarecer las relaciones recíprocas y el papel de cada elemento en la composición general. Además, el carácter experimental y la relativa novedad de estas presentaciones permiten una extrema libertad tanto en la elección de materiales no habituales en la construcción de maquetas, como en la reutilización de otros materiales, utilizándolos de modo no convencional (fig. 2.11). Así, el poliuretano expandido o extrusionado, la goma, las redes metálicas o materiales naturales pueden utilizarse conjuntamente para componer una imagen fuertemente expresiva de las intenciones del proyecto.

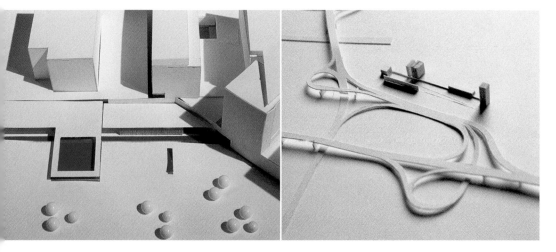

2.7

2.8

19

2.9

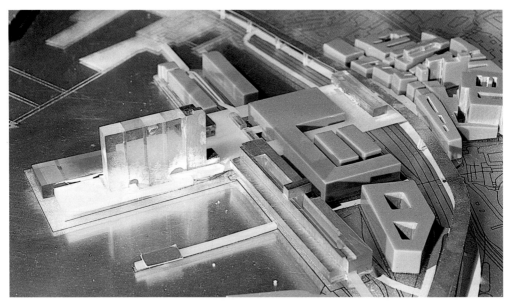

2.10

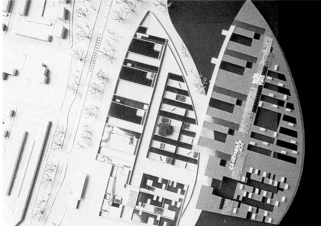

2.11

Las maquetas de plástico (plexiglás) se pueden iluminar. La luz se puede utilizar de modo realista, agujereando la base de la maqueta e introduciendo una iluminación que se filtra desde las ventanas o, también, para resaltar la parte a proyectar de las preexistencias (maquetas urbanísticas) o algunas partes relevantes del proyecto, de manera semejante a lo que podríamos hacer en color.

2.9. R. Koolhaas. Proyecto para la remodelación del puerto de Génova. Maqueta en plexiglás serigrafiado y otros materiales plásticos. Escala 1:2.000.

2.10. H. Nijric y H. Nijric. Concurso Europan 3 en Den Bosch. Maqueta en materiales plásticos. Escala 1:500.

2.11. S. Boeri y C. Zucchi. Ordenación de la plaza Cadorna con motivo de la XIX Trienal de Milán. Los pilares de metal han sido realizados en taller, las figuras son de papel y el fondo es una retroproyección diapositiva sobre papel vegetal. Escala 1:20.

2.12. a y b Maqueta histórica (1826-1834) de la ciudad de Praga. Reproduce el centro de la ciudad bohemia antes de las transformaciones del último siglo.

2.5 Maquetas analógicas

El uso de maquetas analógicas, que describen la realidad del modo más verosímil posible, ha tenido, tradicionalmente, su aplicación en contextos ajenos a la comunicación específica del proyecto de arquitectura. Es el caso de las grandes maquetas militares de los siglos XVII-XVIII, de las maquetas de ciudades para exposiciones permanentes (valga el ejemplo de la maqueta de Lisboa, conservada en la fundación Gulbenkian, o la de Praga, expuesta en el museo municipal de la ciudad, fig. 2.12 a, b) y de las maquetas construidas con objetivos promocionales por parte de las empresas inmobiliarias. Es decir, objetos concebidos con fines técnicos o de presentación pública y, por tanto, con exigencias comunicativas muy directas.

En el caso de las maquetas de arquitectura, la influencia de algunos factores, mencionados en el primer capítulo, ha determinado una cierta atenuación de resistencia con que esta disciplina acoge a la representación analógica. Así, el uso de materiales vulgares, de colores evidentes e incluso de elementos construidos para el modelismo recreativo (hombres, árboles, automóviles) se ha convertido en una práctica frecuente incluso en el proyecto culto, especialmente en los casos en que las exigencias comunicativas de la maqueta se dirigen al gran público o a un público no especializado. Se trata, en definitiva, de maquetas que privilegian más la inmediatez del mensaje a cualquier nivel, que la búsqueda de un reconocimiento autónomo formal. De ello derivan aproximaciones a nuevos materiales, a menudo inéditos en la representación del proyecto de arquitec-

2.12 a

2.12 b

tura, que suscitan preguntas sobre su carácter específicamente expresivo. Existen además algunos campos de la arquitectura que han desarrollado una estética específica de la maqueta analógica y de materiales que, convencionalmente, han sido definidos como vulgares. En los proyectos del arquitecto argentino Emilio Ambasz, concebidos sobre la base de la ambigüedad contemporánea entre lo natural y lo artificial, la representación de los elementos naturales, que contiene a menudo las construcciones de proyecto en su interior, se produce a través del revestimiento uniforme con terciopelo del terreno verdadero y de la tierra desplazada sobre los edificios, es decir, un determinado tejido utilizado normalmente en la construcción de maquetas ferroviarias. Análogamente las maquetas didácticas realizadas por Andrea Branzi en el ámbito de la Domus Academy aprovechan las potencialidades comunicativas de los materiales analógicos para expresar las características de proyectos —no casualmente definidos como "diseño urbano"— basados en un estudio de la flexibilidad, las posibilidades de combinación, la duración y,

en general, los tipos de uso, más que en los tradicionales conceptos de ubicación y composición. Es evidente que el alejamiento de los paradigmas —o simplemente el paso a disciplinas más afines al diseño—, (en el sentido de superar la fisicidad objetual de la arquitectura para investigar los temas específicos de su disfrute), comporta la elaboración de instrumentos de representación que permitan expresar no sólo qué es una arquitectura, sino qué ocurre en su interior. Por lo tanto, la verosimilitud casi fotográfica de los edificios, el hormigueo de hombres, automóviles, animales y objetos de uso asumen un sentido no meramente decorativo sino directamente funcional para la descripción del proyecto (figs. 2.13 y 2.14).

2.13. Domus Academy: proyecto de diseño urbano. Maqueta en materiales plásticos. Escala: 1:100.

2.14. Domus Academy: proyecto de diseño urbano. Maqueta en materiales plásticos y papel. Escala 1:100.

2.15. I. Migliore y M. Servetto. Pabellón polideportivo en Bari. Maqueta en metal. Escala 1:200.

2.16. Quattro Associati. Maqueta en metal para las oficinas de la Snam. S. Donato (MI). Escala 1:100.

2.13

2.14

2.6 Otras maquetas de un solo material

Fruto de la autonomía formal y el sobresaliente valor objetual de las maquetas de arquitectura, las maquetas de un solo material se sitúan en el límite entre representación y objeto artístico. Prescindiendo del material de construcción, que puede ser metal, piedra, cemento o materiales artificiales (aquí se excluyen las maquetas de madera, objeto de un tratamiento específico), estas maquetas comunican de manera extremadamente sintética las características del proyecto que representan, a la vez que articulan un mensaje fuertemente específico respecto a las técnicas, al valor intrínseco y al saber artesanal del objeto-maqueta. Pueden, por ello, asumir un papel en la estrategia comunicativa (que está en el origen de la maqueta), no tanto por la información que transmiten sobre el proyecto, sino por ser el vehículo de expresión de la estructura productiva del proyectista, sus posibilidades operativas y el contenido general y disciplinar de su búsqueda. En lo concerniente a la comunicación del proyecto, las maquetas de este tipo

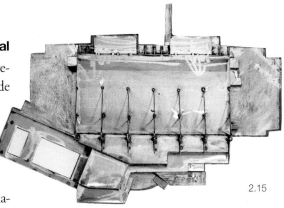

2.15

sintetizan el mensaje hasta reducirlo a pocas informaciones fundamentales: el contenido técnico o la abstracción figurativa, en el caso de maquetas de metal (figs. 2.15, 2.16); la estructura cristalina y transparente del edificio, en el caso de maquetas en alabastro o plexiglás macizo; la naturaleza áspera y matérica en el caso de maquetas en piedra o cemento.

1. Cfr. P. Polato, *Il modello nel design,* Hoepli Milán, 1991.

2. P. A. Croset, *Microcosmidell'architetto,* "Rassegna (maquette)", Electa Milán, 1987, p. 50.

3. P. A. Croset, *Gino Valle,* Electa Milán, 1989, p. 189.

4. D. D'Urbino, P. Polato, *op. cit.,* p. 73.

2.16

3 | INSTRUMENTOS Y MATERIALES

Después de haber presentado los distintos materiales posibles para realizar una maqueta de arquitectura, así como sus implicaciones expresivas, es preciso describir los instrumentos y los materiales específicos que serán utilizados en la construcción de las maquetas descritas en la parte descriptiva de este manual. Este capítulo puede ser utilizado como guía para la adquisición de los materiales básicos necesarios y como indicación sobre sus compatibilidades.

3.1 Instrumentos

Los instrumentos necesarios para realizar una maqueta sin máquinas y sin utensilios complejos son muy simples. De hecho, las técnicas ilustradas se pueden concretar en el corte, la incisión y el acabado de láminas de diferentes materiales y, eventualmente su coloración. Por tanto, además de los instrumentos normales para dibujar sobre las láminas las geometrías de la maqueta, serán necesarios los siguientes utensilios:

Para el corte: tijeras, reglas y escuadras metálicas, cortadores de tipo fino con hojas intercambiables, bisturís con hojas en punta y con hoja redondeada. Las hojas de los cortadores deben sustituirse continuamente durante la ejecución de la maqueta. Por lo tanto, es necesario que el instrumento de corte principal esté preparado para ello (fig. 3.1).

Para el acabado: papeles de lija (de distintas granulometrías, preferentemente finos), en ocasiones montados sobre soportes rígidos, microminas con punta metálica, alicates. Los papeles de lija que serán utilizados para el acabado de maquetas realizadas o revestidas de plástico deberán estar encolados sobre bases rígidas (cartón-pluma o madera) de modo que permitan una acción precisa sobre el plano, evitando, por ejemplo, redondear las aristas. La punta metálica de las microminas se utilizará, como alternativa a la parte no cortante de la hoja del cúter, para gravar en las cartulinas o en las láminas de plástico las líneas de los revestimientos y de los pavimentos (fig. 3.2). Es desaconsejable pulir con papel de lija las maquetas de papel. En éstas debe hacerse con un suficiente grado de acabado o, al menos, prever el corte de las partes que sobresalen con un cortador.

3.2 Colas

Las colas que se utilizan en la construcción de maquetas tienen aplicaciones específicas según los diferentes materiales (fig. 3.3).

Colas vinílicas: la cola blanca común o de carpintero. Tienen la característica de ser solubles al agua y, por lo tanto, no son adecuadas para pegar papeles ni cartulinas que, bajo el efecto del agua, se deforman. Por el contrario, tienen una óptima aplicación a la hora de encolar madera, sobre todo tratán-

3.1. Instrumentos de corte.

3.2. Papeles de lija para los acabados.

3.3. Colas y adhesivos.

3.1

3.2

dose de superficies más bien extensas. Estas limitaciones y el prolongado tiempo de endurecimiento reducen mucho el ámbito de aplicación de estas colas.

Colas con disolventes: el tipo más fácilmente adquirible en las tiendas es el pegamento Imedio. Se trata de colas de adhesión rápida, con disolventes derivados del petróleo, indicadas para pegar papel, poliestireno y madera. Son las colas más frecuentemente utilizadas para superficies de dimensiones reducidas.

Colas en spray: comercializadas en dos categorías: removible y permanente. Las primeras sirven, casi exclusivamente, para fijar provisionalmente (sobre el material a grabar) los dibujos necesarios para poder "transportar" sobre la maqueta las medidas a escala. Las colas permanentes sirven, en cambio, para fijar láminas de grandes dimensiones. Se utilizan fundamentalmente en la construcción de la base de una maqueta, la fijación de los diferentes estratos que componen el terreno y la ordenación de exteriores. Puede ser necesario reforzar los bordes de la lámina y, en general, las partes más solicitadas o difíciles, con algunos puntos de la cola usada para pequeñas dimensiones.

Colas cianhídricas: son colas de adhesión inmediata y extremadamente resistentes. El tipo más frecuente es el Locktite. Se usan para pegar instantáneamente todos los materiales no porosos (especialmente los materiales plásticos)

3.3

3.4

3.5

3.4. Maqueta en plástico y cartón pluma pintada con témpera en spray y óxidos. Escala 1:50.

3.5. Colores en spray, pintura plástica e instrumentos.

3.3. Óxidos y pasteles.

y son particularmente eficaces en el caso de superficies de adhesión muy reducida. Para superficies mayores resultan poco convenientes y, además, es mejor limitar su uso debido a que son altamente tóxicas. El principal límite mecánico de estas colas procede de su rigidez, que conduce a menudo a roturas en el caso de flexión o torsión de la parte encolada. Las colas cianhídricas, desaconsejadas para materiales porosos, son absolutamente inadecuadas para pegar materiales expansivos, tipo espuma de poliestireno y cartón pluma. En contacto con la cola, estos materiales se deshacen.

Cloroformo: se usa exclusivamente para pegar láminas de poliestireno. Más correctamente, este efecto podría ser definido como soldadura, ya que el cloroformo actúa como disolvente deshaciendo el material. Debido a la extrema volatilidad del líquido, el secado de estas soldaduras es extremadamente rápido. El cloroformo puede ser aplicado en las aristas y sobre las superficies a pegar con un simple pincel. Además, es posible deshacer la soldadura con unas cuantas pinceladas sucesivas de disolvente. Esta técnica permite, pues, una cómoda posibilidad de corrección. Igual que las colas cianhídricas, el cloroformo es un material tóxico. Se recomienda ventilar los locales de trabajo y limitar la cantidad y la duración del trabajo.

3.3 Colores

La coloración de una maqueta puede realizarse de dos maneras: a través de la aplicación de láminas ya coloreadas (cartulinas, plásticos, metales) o con el pintado de materiales neutros. En el segundo caso, la coloración puede realizarse sobre láminas que luego se montarán directamente sobre la maqueta (fig. 3.4).

Sprays y pinturas plásticas: los colores en spray pueden ser adecuados para el dibujo y el modelismo (témperas en spray, de venta en droguerías y tiendas de artículos para el dibujo) o también los sprays de nitrógeno (pintura para automóviles). Las témperas en spray se pueden utilizar tanto sobre papel como sobre soportes plásticos y disponen de una gama de colores limitada. Los colores en spray de nitrógeno ofrecen, en cambio, una gama de color más amplia, pero son desaconsejables en la aplicación sobre papel. Para aplicar los colores en spray se puede proceder antes de colocar las láminas en la maqueta o directamente. En ese segundo caso es necesario hacer reservas de las partes que no deban ser pintadas, o que requieran una pintura diferente respecto a la principal. Para realizar dichas reservas se usan hojas de papel y cinta adhesiva de papel removible.

Las pinturas plásticas se usan normalmente para pintar paredes. Son pinturas solubles en agua y se pueden mezclar con máquinas adecuadas que se encuentran en la mayor parte de las tiendas de pintura, a partir de cualquier color elegido del muestrario estándar, encargando una cantidad mínima, que normalmente es un quilo. Para su aplicación se utiliza un rodillo pequeño de espuma fina, y para los puntos más inaccesibles un pincel.

Ofrecen indudables ventajas económicas y versatilidad de color, pero pueden ser aplicadas sólo sobre materiales plásticos o sobre cartulinas muy gruesas, que resistan relativamente el agua presente en la solución. El efecto superficial rugoso, sobre todo si el rodillo lleva poca pintura, es extremadamente parecido al del revoco pintado.

Colores en polvo: los colores en polvo (óxidos y pigmentos) se utilizaban tradicionalmente para componer los tintes de las pinturas para paredes. Actualmente se usan en el dibujo y, en general, en aplicaciones del campo de las bellas artes. Se adquieren en las tiendas de pinturas más surtidas y, siendo colores naturales, parten de una gama base muy limitada, aunque se pueden mezclar. Los colores en polvo se pueden obtener rayando con un cortador una barra de pastel para dibujo (que son secas, al contrario que los comunes pasteles de cera). En el caso de las mejores marcas del mercado (por ejemplo, los Pasteles a l'écu-Sennelier, París) la gama de colores es extremadamente amplia (fig. 3.6).

Para aplicar los colores en polvo se usa la técnica de *frotado*. Con un poco de algodón se coge una cantidad mínima de polvo y se frota sobre la superficie a tratar. Las partes que no son objeto de coloración deben ser protegidas con reservas. Es importante pin-

3.6

3.7

3.8 a

3.8 b

3.8 c

tar siempre una superficie mayor de la estrictamente necesaria y recortar posteriormente los límites de la pieza. De este modo, el color resulta uniforme en toda la superficie, contrariamente a lo que ocurriría con los bordes de una pieza cortada a medida antes del tratamiento. Obviamente, esta técnica está indicada para revestimientos realizados aparte y montados posteriormente, mientras que resulta muy imprecisa si se utiliza sobre maquetas ya montadas. Al final, el color puede ser fijado con un fijador acrílico.

3.4 Materiales

Los materiales adecuados para la realización de maquetas sin maquinaria se presentan generalmente en láminas, por ello requieren un montaje en caja o, en el caso de maquetas de presentación, un revestimiento.

Láminas opacas: cartón pluma (poliestireno expandido revestido por las dos caras), porexpán (poliestireno expandido), cartulinas rugosas y lisas, cartón ondulado, poliestireno extrusionado (poliestireno). El cartón pluma es el material base para construir las cajas. Se encuentra en el mercado en espesores de 3, 5 y 10 mm; puede ser utilizado directamente, en maquetas de trabajo, o también puede revestirse. El porexpán, que presenta una superficie porosa, resulta indicado para maquetas iniciales de trabajo o también para ordenaciones exteriores (natural o pintado). Las cartulinas encuentran su aplicación, según el tipo, como revestimientos, ordenaciones exteriores y elementos acabados a pequeña escala. Los cartones ondulados pueden ser utilizados, en el caso de maquetas analógicas, para realizar cubiertas de teja o revestimientos ondulados. El poliestireno es el material base para la realización de maquetas de plástico. Se puede comprar en los productores de materias plásticas y, no obstante se encuentra en varios espesores, se aconseja el uso de los más finos (0,45 mm para revestimientos, 1 mm para pequeñas partes estructurales), que pueden ser cortados directamente con cortadores e, incluso, incisos y despedazados a lo largo de la línea de corte. La elaboración con espesores superiores es, en cambio, mucho más incómoda (figs. 3.7 y 3.8 a, c).

Hojas transparentes: plexiglás y acetato grueso. El plexiglás es el material más usado en la realización de ventanas en las maquetas. El espesor de 1 mm puede ser cómodamente marcado y cortado a medida, mientras que los de gruesos superiores son de difícil elaboración. El plexiglás, tal y como se describe detalladamente en el capítulo 7, se utiliza al natural (transparente) o también opaco. En el segundo caso es necesario pasar papel de lija fino sobre una o ambas caras de la pieza. Las láminas de acetato tienen la ventaja de ser flexibles pero, en consecuencia, se doblan fácilmente y producen una superficie irregular. Por tanto, sólo se utilizarán los espesores más gruesos y exclusivamente en el caso en que sean necesarias superficies acristaladas curvas (fig. 3.9).

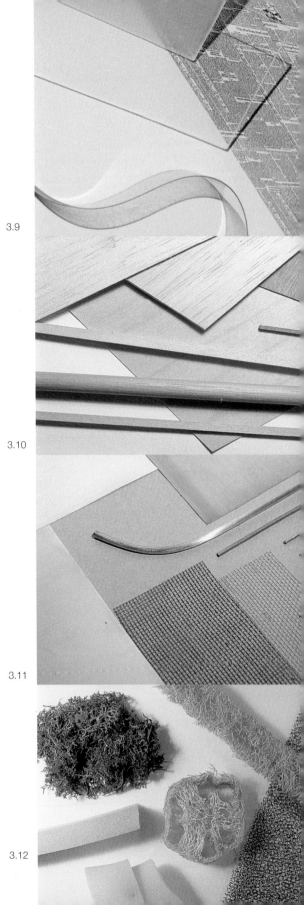

3.9

3.10

3.11

3.12

3.7. Materiales opacos en láminas. Cartulinas, cartones ondulados, porexpán, poliestireno, cartón pluma y policarbonato.

3.8. a-c Papeles pintados de distintos pesos específicos y texturas, algunos con hojas o elementos vegetales insertados (b y c).

3.9. Materiales transparentes en láminas, plexiglás trasparente o lijado y acetato.

3.10. Madera: madera de balsa, chapas, listones de sección circular, cuadrada, rectangular, en H y en C.

3.11. Metales en láminas y en perfiles.

3.12. Líquenes, esponja vegetal, esponja marina y poliuretanos.

Madera (láminas, chapas y listones de varias secciones): láminas de madera, chapas (láminas finas para revestimientos) de diferentes procedencias, listones de modelismo de varias secciones (listones cilíndricos, cuadrados, rectangulares, en L, en H). Las láminas de madera de espesor 2, 3 y 5 mm pueden ser utilizadas para la construcción de cajas y de paredes. Las chapas se usan en cambio como revestimiento, pavimentos y para ordenaciones exteriores de maquetas urbanísticas. La diferencia entre las distintas naturalezas puede caracterizar las distintas partes de un proyecto. Los listones de madera pueden, dependiendo del perfil, representar pilares, columnas, canalones, etc., o, a escala de detalle, perfiles metálicos de sección análoga. Todos estos materiales se encuentran en las tiendas de modelismo (fig. 3.10).

Metales (láminas, perfiles, redes): excluyendo el uso de la soldadura, los metales se utilizan solamente para revestimientos u ordenación de exteriores de maquetas abstractosintéticas. Las láminas (generalmente de cobre) se encuentran en las tiendas de pinturas. Los perfiles, de venta en las tiendas de modelismo, se cortan con sierra de hierro o, en el caso de perfiles particularmente delgados, se marcan y se acaban de romper. Se pueden encolar con colas cianhídricas, aunque el resultado es bastante frágil. De todos modos, será necesario desengrasarlos previamente con alcohol o trielina, ya que generalmente vienen untados con aceites antioxidantes. Las redes (de aluminio o acero, tejidas o soldadas) se venden en tiendas especializadas o también en ferreterías. En maquetas analógicas representan barandillas, parapetos, verjas y *brise-soleils;* en maquetas abstractas pueden caracterizar, según el tamaño,

diferentes tipos de pavimentación o, cualquier otro material (fig. 3.11).

Espumas y poliuretanos: esponjas marinas, líquenes, esponjas vegetales, espumas artificiales, poliuretano expandido (espuma de colchón). Estos materiales encuentran aplicación en las maquetas de arquitectura para la representación de vegetación (árboles, setos, hierba), bien sea en maquetas de detalle, bien sea en maquetas a escala urbana. Se pueden utilizar al natural o pintarlos por inmersión (témpera o pintura plástica) o spray (témpera spray). En todos los casos requieren una elaboración con tijeras o cortadores, para conseguir la forma adecuada. Las espumas, naturales y artificiales, se encuentran con extrema facilidad. Los líquenes pueden encontrarse en tiendas de modelismo o bien ser recogidos y secados. En tal caso, será necesario sumergirlos en una solución de agua y glicerina para evitar que se rompan al secarse. La esponja vegetal es la fibra seca de un pepino chino, comúnmente vendido en perfumerías como esponja de baño, indicada para la realización de árboles, setos y ordenaciones vegetales. La diferente densidad de las fibras permite utilizar la esponja tanto a escala arquitectónica como a escala urbanística. Es aconsejable sumergir el material en agua antes de su utilización, para hacer más cómodo su corte. El poliuretano (denominado comúnmente espuma de colchón) puede ser adquirido en colchonerías. Se trabaja con tijeras y cortadores y encuentra su principal aplicación en la realización de alineaciones vegetales, es decir setos a escala arquitectónica e hileras densas a escala urbanística. Es preferible colorear con spray el material ya que, al contrario de la esponja, el aspecto natural es poco agradable (fig. 3.12).

SEGUNDA PARTE
LA CONSTRUCCIÓN DE LA MAQUETA

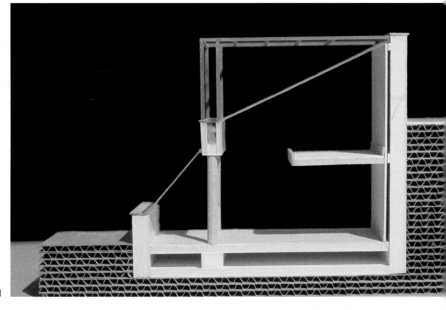

4.1

EL TERRENO 4

En la construcción de una maqueta de arquitectura es esencial plantearse inicialmente el problema de la representación del lugar sobre el cual se levantarán las construcciones que se pretende representar. Esto es así desde un punto de vista disciplinar, ya que la representación del contexto (orográfico, altimétrico, urbano) se convierte en un instrumento inmediato de reconocimiento y verificación proyectual, aunque sólo sea desde un punto de vista técnico, ya que el terreno constituye generalmente la base de la maqueta que se pretende construir. Sin embargo, siempre y cuando sea compatible con las exigencias de montaje, todo lo relacionado con acabados (pavimentos, representaciones de vegetación, árboles, diseño urbano) se debe dejar para las fases finales, manteniendo la estructura abierta con el fin de favorecer las intervenciones necesarias para la ubicación de los edificios.

Este capítulo presenta algunas técnicas y materiales útiles para representar las diferentes tipologías de terrenos, seleccionando las más adecuadas a las distintas escalas de representación (edificatoria, urbana, territorial) y manteniendo la ya conocida distinción entre maquetas de trabajo y maquetas de presentación.

4.1 Secciones del terreno

OBJETIVO realizar la base del terreno para una maqueta en sección. Ésta es una representación indicada para edificios en los cuales se quiera mostrar la estructura interna, tanto de la parte sobre el terreno como la que queda subterránea.

BASE planta de los planos subterráneos a ubicar en la base, secciones.

MATERIALES cartones ondulados, hojas de cartón pluma, poliestireno, porexpán.

METODOLOGÍA cortar con una plantilla, superponer y encolar los estratos de material.

ACABADOS cortar los bordes en el caso en que la base haya sido construida sin plantilla.

Este tipo de representación (maqueta seccionada) permite evidenciar el interior del edificio y la relación entre el edificio y el terreno.

Una técnica conveniente para la representación de un terreno (edificios soterrados, edificios con partes importantes enterradas, secciones de edificios) a escala edificatoria (1:50, 1:100, 1:200) se basa en la superposición de láminas de cartón ondulado puesto de canto y encolado.

Para ello pueden utilizarse cartones ondulados no revestidos (embalajes de botellas de

33

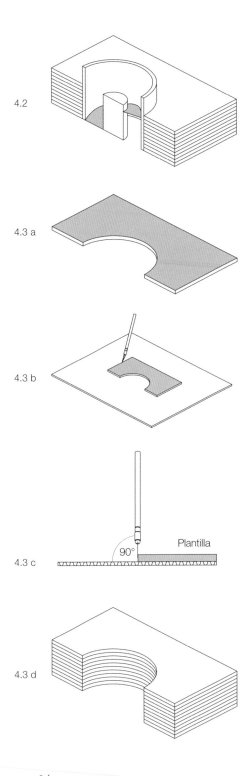

4.2

4.3 a

4.3 b

4.3 c

Plantilla

90°

4.3 d

cava) o también revestidos por una sola cara o, incluso, cartones sándwich (dos láminas de cartón que tienen el interior ondulado, como es el caso de los cartones de embalaje) (fig. 4.1).

Los cartones ondulados que se encuentran en el mercado tienen diferentes secciones. Prescindiendo de toda consideración sobre la compatibilidad de la dimensión del cartón con la escala de representación, los cartones más finos (con menor "longitud de onda") tienen una entrega final más precisa mientras que los menos finos presentan tiempos de montaje más rápidos frente a una entrega más basta. La elección de un material o de otro dependerá de la utilización final de la maqueta (trabajo o presentación).

Para realizar la sección de un terreno con cartón ondulado se puede proceder encolando las láminas una sobre la otra hasta conseguir el espesor deseado y cortando el bloque entero con las medidas necesarias, o también cortando a medida las láminas independientemente y encolándolas a continuación. Se presenta sólo el segundo método que, aun siendo un poco más largo, permite la realización de la maqueta con instrumentos elementales (fig. 4.2).

La dimensión de la lámina de cartón-terreno es la dimensión definitiva de la maqueta contexto y por eso se debe definir con la justa relación dimensional respecto al edificio representado o, en cualquier caso, presentar un borde bien consistente sobre todos los lados del edificio.

Establecidas las dimensiones de la maqueta se prepara la plantilla A (fig. 4.3 a) que se superpondrá a las láminas a cortar (fig. 4.3 b). Para la operación es suficiente un simple cortador, cogido de manera que la línea de corte sea perfectamente ortogonal respecto al plano a cortar. Esta medida es siempre útil para obtener una mayor precisión de corte y resulta determinante cuando se deba trabajar, como en este caso, con materiales de un cierto grosor (fig. 4.3 c).

Cortadas a medida para obtener el grueso deseado, las láminas de cartón deberán encolarse unas con otras. Para alinear las láminas durante el encolado, de modo que la superficie vertical de la sección sea regular, se utiliza un plano de apoyo o una tabla. Cuando la maqueta, como en el caso del ejemplo, tenga un punto de vista preferencial, la tabla de alinear se apoyará sobre ese lado, dejando las posibles irregularidades en el lado menos evidente.

Las láminas de cartón se pegarán una a una sobre una cara, cuidando los bordes, con colas específicas para papel, como se explica en el párrafo 3.2. El uso de colas al agua (colas vinílicas, Vinavil y similares), desaconsejables para el papel, resulta aún más perjudicial sobre cartón basto, el cual al absorber el agua, se curvaría sensiblemente (fig. 4.3 d).

Acabado el montaje de la base se puede proceder a la inserción del edificio. Será conveniente, para esa última operación, que la superficie de la lámina superior de la maqueta sea un poco mayor, de modo que permita las adaptaciones necesarias en los puntos de contacto con el edificio.

4.2 Terreno en pendiente

OBJETIVO realizar un terreno en pendiente a partir de una planta con curvas de nivel.

BASE planimetría a escala oportuna con indicación de curvas de nivel, secciones del terreno (para verificaciones).

MATERIALES papel, cartulina, poliestireno expandido, cartón pluma, plástico en láminas.

METODOLOGÍA en el caso de una maqueta hueca, se cortan tiras con la medida de dos curvas de nivel (una se superpone). En el caso de maquetas macizas se corta la lámina sobre una curva de nivel y, en el lado opuesto, sobre el borde de la maqueta.

ACABADOS en el caso en que la maqueta sea hueca es necesario realizar un cerramiento a lo largo de los bordes. En cambio, si la maqueta es maciza los bordes deberán igualarse, según el material, con un cortador o con papel de lija. Eventualmente se aplicarán pinturas al final del montaje.

Generalmente, para la construcción de una maqueta de terreno en pendiente se utiliza el método de las curvas superpuestas. El material utilizado será cartón, plástico, poliestieno expandido (porexpán) o cualquier otro tipo de material en láminas que sea cómodo de cortar y cuyo grosor sea múltiplo, a escala, de la diferencia de cotas entre curvas de nivel. Es preferible que el cartón tenga un perfil lleno, ya que el ondulado, que también es posible utilizar en casos especiales o en maquetas de trabajo (fig. 4.4), presenta un corte extremadamente "rústico" dejando a la vista la sección de la parte ondulada.

4.4

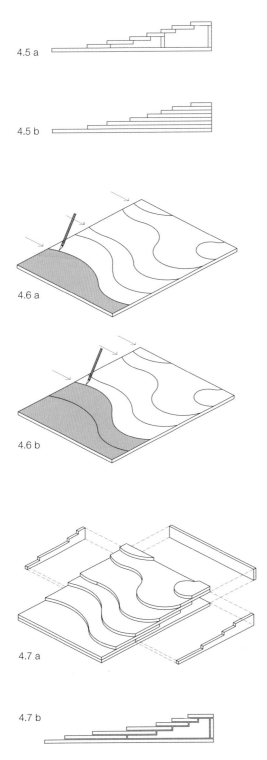

4.5 a

4.5 b

4.6 a

4.6 b

4.7 a

4.7 b

Los procedimientos que se pueden emplear para obtener una base en pendiente son dos: con el primero, se obtiene una base hueca y ligera cubierta por el terreno en pendiente; con el segundo, en cambio, se obtiene una base maciza, por lo tanto más estable y con más peso (fig. 4.5 a, b). En ambos casos es necesaria una planimetría que incorpore las curvas de nivel que vamos a representar. Si la planimetría debe ser utilizada posteriormente con otros objetivos, es necesario hacer de ella una o varias copias de trabajo.

El primer procedimiento permite utilizar una cantidad de material muy inferior. Se fija el plano provisionalmente, aunque de modo estable, sobre el cartón que se va a utilizar. Para la fijación pueden usarse alfileres, preferiblemente clavándolos dónde irán ubicados los edificios, o también cinta adhesiva por ambos lados, teniendo cuidado que el cartón no se estropee cuando se arranque. Si el material utilizado es plástico (poliestireno) también se pueden utilizar sprays de cola removible. En ese caso, los restos de cola pueden limpiarse con un paño humedecido en alcohol.

Cada curva de nivel deberá fijarse al menos en tres puntos para que, cuando se pase a cortar, las curvas de nivel vayan resiguiéndose una después de la otra pero sin que la planimetría cambie de posición. El corte debe efectuarse a lo largo de la línea que dibuja la curva de nivel, prestando especial atención a la posición perpendicular de la hoja del cortador respecto al cartón y a la precisión de corte, ya que ambas partes, a la derecha y a la izquierda del corte, son elementos que quedarán a la vista (fig. 4.6 a, b).

Una vez efectuados todos los cortes a lo largo de las curvas de nivel se pasa a la construcción de una estructura de sustentación de las curvas cortadas: esta estructura se constituye de un cierto número de costillas (según las dimensiones y el peso de la maqueta) no necesariamente regulares o paralelas entre sí (las costillas quedan escondidas dentro de la maqueta).

Para construir una costilla de manera precisa se marca sobre la planimetría de base una línea recta, preferiblemente perpendicular a la tangente de la curva en ese punto. Se transportan sobre el cartón las medidas de los segmentos de esa recta encontrados de la intersección con las curvas de nivel y, a cada curva encontrada, se le dibuja un peldaño de altura igual al desnivel representado por la curva. De éste modo se obtiene una especie de "escalerita", sobre cada peldaño de la cual viene apoyada la curva de nivel correspondiente. Una vez posicionadas las curvas, las costillas se posicionarán sobre la base de la maqueta. Cuando el grueso del cartón empleado no corresponde al desnivel de la curva, es necesario completar la maqueta para cubrir el espacio que queda entre una curva y la siguiente. El modo más práctico es

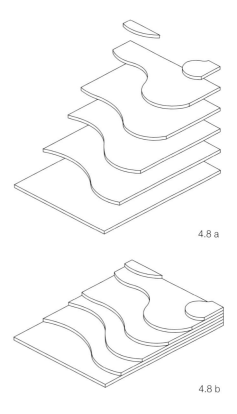

4.8 a

4.8 b

4.9

4.10

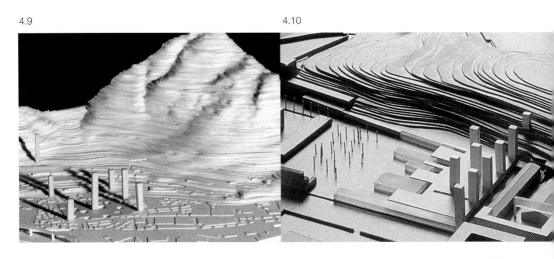

recortar algunas tiras de una cartulina ligera, de la misma altura que el desnivel, y apli-
carlas al lado de cada curva.

La misma tira puede pegarse incluso debajo de la curva, interrumpiéndola donde se encuentran las costillas, o también, si se quiere
mantener la curva continua, avanzándola
aproximadamente 1 mm, de modo que sobresalga respecto al soporte. Esto supone un
corrimiento de todas las curvas respecto al ar-
mazón y, por lo tanto, el último peldaño, el
más alto, resultará aproximadamente 1 mm
más corto de lo que se había calculado al inicio. Se aconseja, de todos modos, hacer este último peldaño un poco más estrecho, para que
quede el espacio necesario para encolar las paredes de borde de la maqueta (fig. 4.7 a, b). Se
pueden encolar varias cartulinas superpuestas
para tapar el hueco que se forma en el lateral de
la maqueta. El problema es que el borde tien-
de fácilmente a combarse y, además, el procedimiento es excesivamente largo, ya que las
cartulinas tienen que tener el mismo perfil que
la curva, y por ello deberán ser aplantilladas.

Si la maqueta se debe presentar con los laterales macizos (fig. 4.8 a, b), es preferible
utilizar un segundo método (figs. 4.9,
4.10). En ese caso la cantidad de material es
mucho mayor, ya que las láminas que forman los estratos resiguen la forma de la base
de la maqueta por todos los lados excepto
por el que dibuja el perfil de la curva de
nivel. Las láminas deberán tener un grosor a
escala múltiplo del desnivel entre una curva
y la sucesiva, de otro modo sería necesario
añadir espesores, complicando excesivamente la realización. Los estratos se superponen y se encolan utilizando una tabla
(o dos, encoladas en ángulo recto) para apo-
yar la maqueta y garantizar la regularidad de
los lados. El procedimiento descrito, a pesar
de que la cantidad de material empleado es
claramente superior a la del primero, presenta indudables ventajas en cuanto a solidez (al ser construido con material macizo)
y velocidad ejecutiva, tanto en la fase de corte como en la de montaje. El corte será más
rápido respecto al método precedente, ya
que sólo la parte exterior del perfil, que
constituirá un estrato de la maqueta debe ser

4.11   4.12

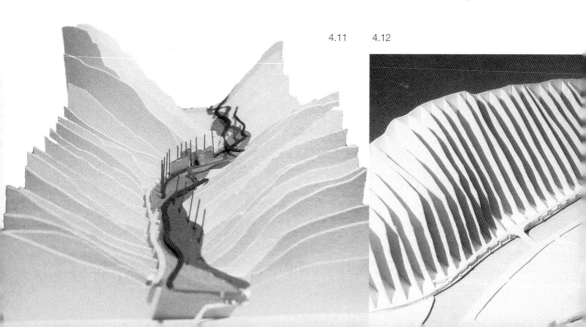

cortada con precisión. Para este método es mejor utilizar materiales ligeros (cartón pluma, poliestireno, cartulina), pues de otro modo el peso de la maqueta podría hacerla incómoda a la hora de transportarla. El borde de la maqueta realizada con estratos macizos se presenta, por lo tanto, a estratos. Cuando se quiera ocultar este efecto, a pesar de que resulta agradable si la maqueta se ha construido correctamente, siempre es posible aplicar un revestimiento lateral.

Los tratamientos de acabado se pueden efectuar antes o después de haber pegado las curvas entre sí, según la solución elegida. Si se quieren diferenciar áreas se aplicaran cartulinas de colores, utilizando las propias curvas vueltas del revés como plantillas para el corte. Si en cambio se quiere aplicar un tratamiento uniforme (spray de color, arena u otros materiales granulados fijados sobre un estrato de cola), éste se aplicará al final de la fase de montaje.

La posición de los edificios sobre un terreno en pendiente se debe marcar sobre las curvas antes del corte. Se puede marcar el plano de referencia, en correspondencia con los vértices del perfil en planta del edificio y, una vez retirado el plano, unirlos con una fina línea a lápiz o punzón. Una vez montada la maqueta del terreno, el perfil superpuesto servirá de referencia para la correcta ubicación de los edificios. En algunos casos, si se quiere representar una amplia porción de territorio de modo sintético, se puede encolar el propio plano topográfico sobre los estratos de la maqueta, sin extraer las tiras después del corte. De éste modo se obtiene una especie de "plano tridimensional", en el cual las informaciones "dibujadas" describen suficientemente las partes de contexto poco importantes, mientras que las partes más importantes, o directamente pertenecientes al proyecto, pueden ser realizadas como volúmenes o, si se quiere, con todo el detalle necesario. Finalmente se describen algunas maquetas en las cuales la orografía se representa con métodos no convencionales (figs. 4.11, 4.12, y 4.13). La montaña se describe con costillas de papel vertical (secciones) u horizontal separadas por espesores de cartón.

4.13

4.14

4.3 Terreno urbano

OBJETIVO realizar la maqueta de un terreno urbano con todas las indicaciones necesarias (calles, aceras, manzanas, rampas).

BASE plano que indique las aceras y curvas altimétricas, secciones del terreno a través de los edificios. Escalas 1:500, 1:200.

MATERIALES papel, cartulina, poliestireno (poliestireno extruido). Genéricamente materiales en láminas.

METODOLOGÍA preparar la base con eventuales diferencias de nivel y rampas de empalmes y garajes, revestir (atención con las rampas), cortar los perfiles de las manzanas sobre el margen de las aceras, marcar sobre las manzanas el perfil de los edificios para el sucesivo montaje.

ACABADOS el color puede ser utilizado para distinguir las partes (calles y manzanas), aplicándolo sobre las piezas antes del montaje, o también haciendo reservas en las partes que no deban ser pintadas.

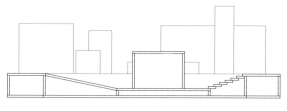

4.15

La maqueta de un terreno urbano contiene las informaciones volumétricas y de detalle necesarias para describir la relación entre el edificio que se quiere representar y su entorno inmediato (fig. 4.14). para ello será necesario identificar las diferencias de nivel, las rampas de bajada a los subterráneos o a los garajes, las aceras y las ordenaciones exteriores. En lo que concierne a acabados y materiales (por ejemplo parterres, vegetación, pavimentos) es conveniente revisar los párrafos específicos del manual.

La escala de representación será 1:500, 1:200 y, en algunos casos, incluso 1:100.

Estas escalas permiten tanto indicaciones de carácter urbanístico como informaciones de tipo arquitectónico y de detalle.

Inicialmente es determinante definir el desarrollo en sección de la maqueta. El análisis de las diferentes cotas permite establecer los niveles y los estratos que la maqueta debe representar, planteando la caja de la base con una altura suficiente para contener el espesor de los planos enterrados (fig. 4.15).

Sobre el plano de base de la maqueta (el nivel inferior a representar), se marcan las siluetas de los cerramientos de los planos enterrados y se montan las paredes que cierran los lados de los agujeros. La altura de las paredes será igual a la diferencia a escala entre la cota del plano inferior y el plano de campo, menos el espesor de la lámina que constituye el plano superior. En el interior de la maqueta, en las partes no visibles, será útil poner costillas para hacer más resistente la estructura de la base, evitando deformaciones (fig. 4.16 a).

Junto a la estructura del plano inferior se realizarán los planos inclinados (rampas) o escaleras que conectan los distintos niveles de la maqueta. Es útil recordar que el corte de los planos de las rampas deberá tener en cuenta el desarrollo de las mismas; de hecho, la medida en planta de un plano inclinado será siempre inferior a la medida real de la maqueta. Para encontrar las medidas reales de la pieza es necesario dibujar el triángulo de sección, cuya base es la medida en planta y cuya altura es la diferencia de cotas, y medir el lado inclinado.

A continuación se recorta la lámina que representa el plano de trabajo (nivel 0,00 de la maqueta) con los huecos correspondientes de las partes enterradas (fig. 4.16 b).

Las operaciones de revestimiento o de acabado (color) de la base se deben realizar antes del montaje de las aceras, que serán las últimas en montarse.

Para realizar las aceras se recortan las plantillas sobre un estrato fino (cartulina o plástico) y se trasladan los vértices de los cerramientos de los edificios con un punzón, de modo que faciliten su colocación al final del montaje. Las aceras pueden, a su vez, ser tratadas con color antes de ser pegadas a la base (figs. 4.16 c, d).

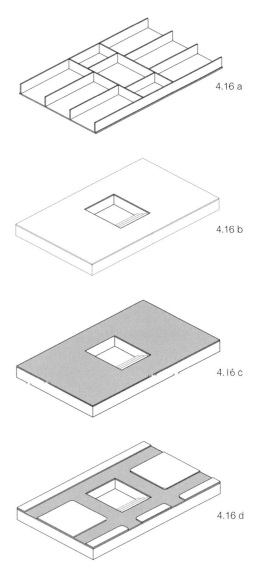

4.16 a

4.16 b

4.16 c

4.16 d

5 LAS PAREDES

En este capítulo se tratarán todas las partes de la maqueta que contemplan la definición de la caja externa; sean las paredes verdaderas y propias, sean los elementos estructurales, técnicos y decorativos, que en función del grado de definición de la maqueta constituyen el volumen del edificio a representar.

El capítulo está dividido según las diversas metodologías de ejecución, que dependerán del grado de definición de la maqueta, que estará en función de las diferentes escalas de representación o de los objetivos de descripción del proyecto que queremos obtener con la maqueta. Esta división permite una lectura progresiva de las operaciones. A través de cada apartado se profundiza en la definición de la maqueta, desde una maqueta de trabajo a una maqueta de representación real. Si el objetivo es la construcción de una maqueta

5.1

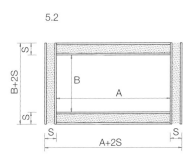

5.2

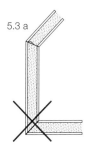

5.3 a

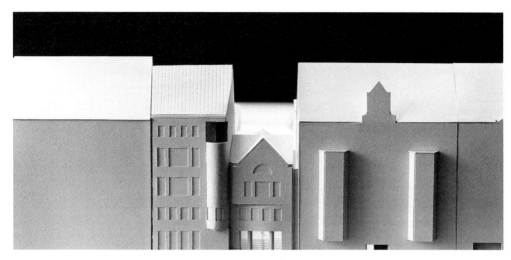

volumétrica, será suficiente seguir las indicaciones del apartado 5.1, mientras que una mayor precisión en las características arquitectónicas y decorativas del modelo requerirá la lectura y uso de las indicaciones presentadas en los apartados 5.2 "Definiciones parciales arquitectónicas" y 5.3 "Definiciónes detalladas".

Volúmenes simples. *Se describen las operaciones referentes a la construcción de la caja sin ulteriores definiciones volumétricas y decorativas.*

Definiciones arquitectónicas parciales y Definiciones detalladas. *Se describen las modalidades constructivas de los elementos necesarios para una definición más*

específica. *Los elementos estudiados son los mismos en ambos apartados (balcones y galerías por ejemplo), mientras que las indicaciones operativas para cada uno vienen dadas por los diferentes grados de definición correspondientes a la "Definición arquitectónica parcial" o a la "Definición detallada".*
Para los elementos –como techos y ventanas– estudiados a continuación en apartados específicos del manual, se presenta una descripción volumétrica, útil para situar la maqueta en su contexto, dejando para otros apartados una definición más profunda.

5.3 b

5.4 a

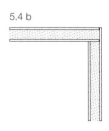

5.4 b

5.6

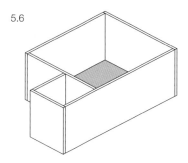

5.7

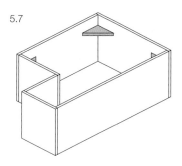

5.1 Volúmenes simples

Los edificios se representarán como volúmenes simples en el caso en que la escala de representación lo requiera (1:2.000, 1:1.000); o, en el caso de escalas de representación más reducidas, pero que contemplen construcciones ya existentes a las cuales se pretende atribuir una definición menos específica respecto a los edificios de proyecto (fig. 5.1).

OBJETIVO realizar la parte de muraria de las paredes externas del edificio.

BASE planimetría a escala urbana, con indicaciones de cota de techo en el caso de maquetas en contexto urbano (1:2.000, 1:1.000, 1:500), secciones.

MATERIALES cartón pluma, porexpán, cartulina, poliestireno u otros materiales en láminas.

METODOLOGÍA los edificios serán construidos como cajas, con material rígido. En el caso de maquetas de trabajo no es necesario ningún acabado ulterior, mientras que en el caso de maquetas de presentación será necesario revestir con papel o poliestireno de espesor mínimo (0,45 mm) las piezas construidas.

ACABADO en el caso de maquetas revestidas es posible aplicar pinturas neutras o de color.

Las aristas

a - La caja se construye con paredes simplemente unidas, quedando visto sobre el ángulo el corte del material. Para el dimensionado de las piezas es necesario tener en cuenta el espesor de las láminas. Útil para maquetas rápidas de estudio o como base a revestir posteriormente (fig. 5.2).

b - El corte de las dos paredes es inclinado de modo que la superficie externa del revestimiento no deje ver el cartón pluma. Se desaconseja el uso de esta técnica para la realización de aristas ortogonales, dada la dificultad de obtener un corte inclinado preciso. Aún así, y sólo en el caso de maquetas de definición media, el corte inclinado es útil para juntar paredes no ortogonales, sobre todo en el caso de ángulos obtusos (fig. 5.3 a, b).

c - Una de las hojas que se encuentran en el ángulo se corta de manera que se extrae el estrato interno. La incisión debe dejar intacto el estrato opuesto a la superficie de corte. La pared así trabajada se une después a la otra que forma la arista, de manera que se dejen vistas las partes revestidas. Útil para maquetas de precisión media (fig. 5.4. a, b).

La caja

La primera operación en la construcción de la caja consiste en la definición de las medi-

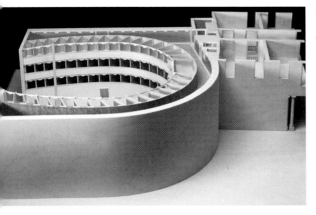

5.8

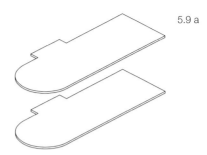

5.9 a

5.9 b

5.9 c

5.9 d

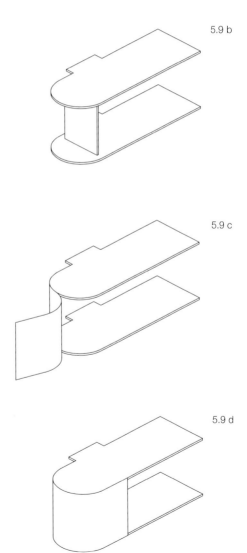

das de las piezas que una vez montadas construirán el volumen (fig. 5.5). En función del espesor del material y de cómo deba ser el encuentro de las paredes, a la medida de las paredes se le sustrae el espesor, de tal modo que las medidas finales coincidan con el perfil del edificio a escala.

Es importante verificar la solidez de la caja para evitar que se deforme a la hora del encolado o de la aplicación de un revestimiento. Si las dimensiones son reducidas, la rigidez queda garantizada por la envolvente, y si es necesario por una lámina base, en el interior de la caja (fig. 5.6).

Para cajas de dimensiones notables, o en el caso de que la relación entre el espesor del material y la superficie de la pared no sea suficientemente estable, lo más correcto será rigidizar la estructura mediante la inserción de tabiques (en el interior de la maqueta y que no sean visibles desde las posibles aperturas), que pueden obtenerse resiguiendo las paredes interiores de la maqueta o encolando cartelas triangulares en ménsula, siempre por el interior, con el fin de rigidizar las aristas (fig. 5.7).

Paredes curvas

En el caso de un edificio con una o más paredes curvas, será necesario utilizar un material en láminas suficientemente delgadas

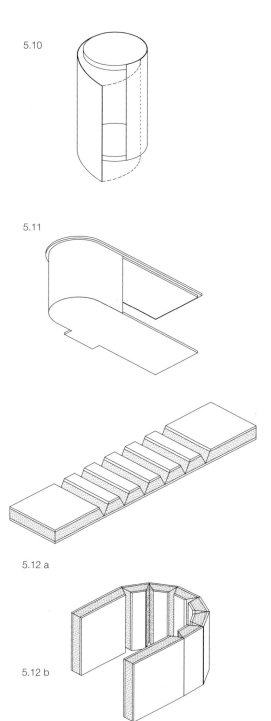

5.10

5.11

5.12 a

5.12 b

y flexibles como para permitir su curvatura sin quiebros (fig. 5.8).

Dado que las láminas que se utilizan para construir la curva tienen una cierta elasticidad, será necesario construir primero algunos estratos curvos que hagan la función de molde a la hora del encolado de la curva. La solución más sencilla es utilizar la base y la cubierta de la caja como molde (fig. 5.9 a).

Si se excluye el caso de cajas de dimensiones muy reducidas, normalmente los estratos de revestimiento curvos no son suficientes para rigidizar la maqueta. Para tal fin, es útil insertar en el interior de la misma tabiques que la rigidizen y a su vez establezcan la distancia entre la base y la cubierta (fig. 5.9 b)

Para aplicar el papel de revestimiento curvo es aconsejable, donde sea posible, encolar un trozo más largo que la curva a cubrir, de manera que resista mejor las tensiones que tienden a devolver el papel a su posición plana. Una vez encolado se eliminará con un cortador el papel sobrante, utilizando la arista de la maqueta como guía de corte (fig. 5.9 c, d).

Si la figura a representar es un cilindro, los dos extremos deben solaparse parcialmente (fig. 5.10).

Es posible añadir una cubierta ulterior a medida, para cubrir el costado del revestimiento curvo, o de dimensiones ligeramente mayores con el objeto de representar el soporte de un alero.

Para maquetas de trabajo es posible realizar las curvas directamente en cartón pluma. Para ello será necesario extraer un cierto número de cuñas de material de la cara que debe quedar oculta. De esta manera es posible construir maquetas enteramente en cartón pluma. Obviamente las curvas tendrán un aspecto quebrado (fig. 5.12 a, b).

5.2 Definición arquitectónica parcial

En el caso siguiente, la representación tendrá carácter volumétrico, pero estarán presentes algunas indicaciones de forma o de color que identificarán de manera más precisa que los "volúmenes simples" el aspecto arquitectónico de los edificios –resaltes, pórticos, huecos de ventana– (fig. 5.13). Esta modalidad se utiliza en las maquetas de presentación a gran escala (1:500 y, en ciertos casos, 1:200). En escalas menores (1:200,1:100) la definición arquitectónica parcial se utilizará para indicar edificios que tienen una importancia mayor respecto al contexto pero que no son objeto de proyecto. Así, por ejemplo, en una maqueta urbana a escala 1:200, el contexto estará representado por volúmenes simples, los edificios monumentales preexistentes presentarán algunas características volumétricas (definición arquitectónica parcial), mientras que los edificios objeto de proyecto se representarán con todas las características necesarias para una descripción analítica, tal como se describirá en el próximo apartado "Definición detallada".

OBJETIVO realizar la parte muraria de las paredes externas de los edificios, los resaltes y las aberturas.

BASE planimetría a escala arquitectónica (1:500, 1:200, 1:100, 1:50), alzados, secciones.

MATERIALES cartón pluma, cartón, poliestireno.

METODOLOGÍA los edificios se construirán como cajas con material rígido. Es necesario revestir con papel o poliestireno de espesor mínimo (0,45 mm) las piezas construidas. Posteriormente se montarán las partes construidas.

ACABADOS es posible pintar las maquetas con pintura neutra o de color. En el caso de coloraciones uniformes se puede pintar con spray la totalidad de la maqueta, reservando, si es preciso, las partes excluibles. Si la coloración requiere una mayor articulación, las piezas se pintarán separadamente antes del montaje.

Para la construcción de una maqueta de definición arquitectónica parcial valen las indicaciones del apartado anterior, "Volú-

5.13

5.14

menes simples", aunque será necesario un ulterior desarrollo para maquetas de mayor definición.

Esta definición se alcanzará con la inserción de algunos detalles, de carácter prevalentemente volumétrico, que podrán ser previamente aplicados sobre los volúmenes construidos o bien ensamblados durante la construcción de la caja. A este nivel de definición corresponderá una mayor atención de carácter técnico en la fase ejecutiva o un minucioso control de la coherencia expresiva y estilística de los elementos que constituirán la maqueta final.

Ventanas

Para representar esquemáticamente las ventanas se pueden adoptar algunos métodos de diferente grado de representación. Se desaconseja representar las ventanas mediante simples aberturas, ya que difícilmente la maqueta asumirá un aspecto "acabado" y, además, un interior visible requeriría una definición no congruente con este tipo de representación (fig. 5.14).

5.15 a

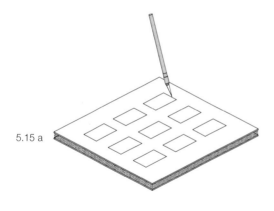

Uno de los sistemas más simples explota las características del cartón pluma, es decir la diferente consistencia de los revestimientos externos y del estrato interno de relleno.

5.15 b

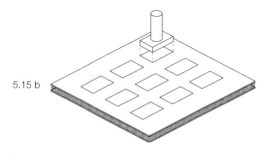

Se puede marcar con un lápiz la forma de las ventanas sobre la cara externa de la pieza, o bien encolar con productos recuperables una fotocopia de la fachada a representar, de este modo no se dejan señales sobre la pieza. Se inciden después los perfiles de las ventanas, con cuidado de cortar solamente la primera cartulina y parte del estrato de relleno, para luego ejercer presión sobre la superficie de las ventanas, de modo que se comprima el estrato intermedio, obteniendo de este

5.15 c

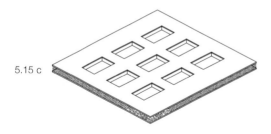

modo un rehundido, correspondiente a las ventanas de la fachada representada.

Para obtener rehundidos regulares es útil utilizar un molde-tampón de plástico o incluso de cartón pluma, de la dimensión exacta de la ventana (fig. 5.15 a, b, c).

Hay otro método que puede ser utilizado indistintamente en la ejecución de paredes de cartón pluma u otros materiales. Después de recortado con un cortador, se extrae el rectángulo de la ventana y se aplica en el interior de la maqueta una lámina que constituye el fondo de las aberturas, cuidando que la medida de la lámina sea ligeramente superior a la superficie de la abertura, de modo que permita la aplicación de la cola sobre la cara interna de las paredes (figs. 5.16 a-c y 5.17).

La lámina que constituye la pared del fondo de las ventanas puede ser realizada con el mismo material que las paredes o con cartulina de color o plexiglás. En este caso es preferible tratar el material con un papel de lija hasta tornarlo opaco, pues de este modo serán menos visibles los pegotes de cola y la superficie del material permitirá mejor adhesión.

Es aconsejable utilizar plexiglás transparente sólo cuando el interior de la maqueta deba ser visible, cosa que normalmente no sucede en maquetas parcialmente definidas.

Para una descripción más detallada de los métodos para realizar una ventana, véase el apartado "Aberturas vidriadas".

Pórticos y galerías

Para la construcción de un pórtico se actúa de modo análogo a cuanto se ha descrito para las ventanas. Después de haber marcado el perfil del pórtico sobre la fachada de la maqueta, se recortan las partes a extraer. La fachada así realizada puede montarse enton-

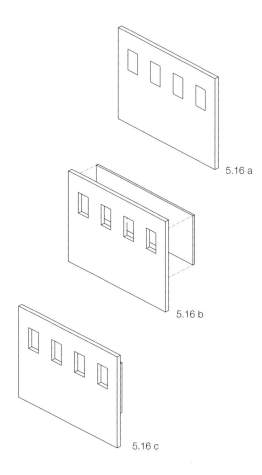

5.16 a

5.16 b

5.16 c

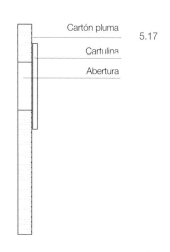

Cartón pluma

5.17

Cartulina

Abertura

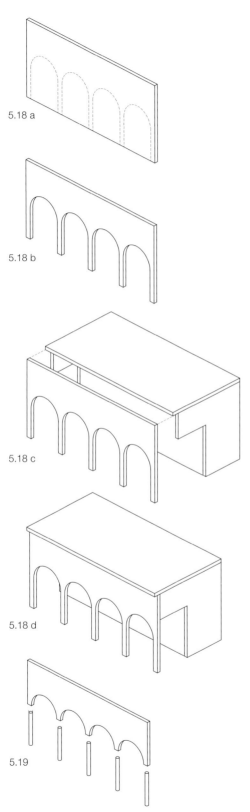

5.18 a

5.18 b

5.18 c

5.18 d

5.19

ces sobre la caja. Para el grado de definición elegido, las paredes del fondo del pórtico serán un simple plano vertical sin ulteriores definiciones (puertas o ventanas) (fig. 5.18 a, b). Para la construcción de galerías se procederá de modo análogo a lo descrito para los pórticos. En el caso de pórticos con arcos sobre columnas, la fachada se puede simplificar, procediendo tal como se ha descrito en el punto anterior (fig. 5.10 c, d), o bien, si la escala de la maqueta requiere una definición mayor, se pueden cortar los arcos a la altura de la imposta y aplicar, durante el montaje, segmentos de perfiles de madera de sección circular en lugar de las columnas (fig. 5.19).

Balcones y ventanas mirador

Los volúmenes sobresalientes se añadirán generalmente después del ensamblaje de las paredes. Se construye la envolvente del añadido, como un volumen o un edificio independiente, obviamente evitando acabar la cara que irá aplicada sobre la maqueta; después se encola la pieza a la caja ya ensamblada.

En todos los casos en los que una pieza se construye a parte y luego se monta, es útil verificar, antes del acabado, las medidas directamente sobre la maqueta para localizar eventuales imperfecciones que pudieran incidir en un correcto montaje (fig. 5.20).

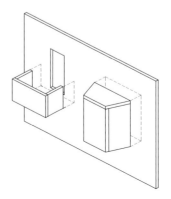

5.20

Tejados

Generalmente, en el caso de edificios con cubierta inclinada, conviene cubrir la caja con una lámina de cartón pluma (u otro material) de modo que sobresalga del perímetro. Este saliente facilita la aplicación de la cubierta de faldones y se convierte en una sencilla representación del resalte del alero (fig. 5.21).

5.21

5.22

5.3 Definición detallada

En el caso siguiente se tratan edificios cuya importancia en la representación general de la maqueta y la escala adoptada, generalmente arquitectónica, requieren una definición de los volúmenes, de las superficies, de los materiales y de los colores que describa completamente las características morfológicas y arquitectónicas del edificio. Las paredes contarán con los huecos para las aberturas, dentro de los cuales se irán montando, sucesivamente, las carpinterías y los cristales, previendo el montaje de todos los detalles arquitectónicos y revestimientos necesarios y suficientes para la representación a la escala adoptada.

OBJETIVOS realizar las paredes externas de los edificios con todos los detalles necesarios para una descripción de las características arquitectónicas y decorativas.

BASE planimetría a escala arquitectónica (1:200, 1:100, 1:50), alzados, secciones y fotografías.

MATERIALES cartón pluma, cartulina, poliestireno.

METODOLOGÍA las paredes de los edificios se construirán recortando todas las aberturas y galerías que presenten, dentro de las cuales serán colocadas sucesivamente las puertas y ventanas. Balcones, aleros y todos los elementos de resalte que se montarán sucesivamente deberán estar previstos y medidos antes de la colocación del revestimiento, que deberá cubrir de modo continuo también las paredes en cuestión.

ACABADO el pintado, neutro o con color, se llevará a cabo en esta fase si la secuencia del montaje lo hace necesario, si no, se aplicará al concluirse el montaje.

51

La caja del edificio se construirá como se ha descrito en los ejemplos precedentes, aunque la envolvente exterior deberá tener mayor definición. Para conseguirlo, es preciso incluir todos los detalles volumétricos, materiales y de color que se precise para una descripción no esquemática del edificio (fig. 5.22).

La elección del grado de síntesis de la representación es fundamental para el éxito de la maqueta. Ello requiere detectar qué detalles son necesarios y suficientes para la fabricación de la maqueta y cómo se pueden simplificar los más complejos para ser representados a escala. Este hecho se hace evidente en el caso de maquetas de arquitecturas clásicas o eclécticas, en las cuales una descripción analítica de todos los motivos decorativos comportaría un trabajo que sólo fines declaradamente expositivos justificarían.

Ventanas

En los huecos de las ventanas, recortados como ya se ha descrito, se deben colocar las carpinterías y los vidrios. Además, en ellos se deben representar parapetos, alféizares y posibles decoraciones de gran relieve como, por ejemplo, las cornisas de las ventanas. Para obtener el efecto del vidrio se puede usar plexiglás lijado con papel de lija fino. De este modo, el plexiglás se vuelve opaco y aumenta la homogeneidad y la materialidad del efecto vidrio que, por otro lado, tiene la ventaja de hacer más visibles las aberturas (con dimensiones pequeñas el plexiglás transparente sería prácticamente invisible) y de facilitar el encolado pues oculta posibles imprecisiones. Es útil recordar al respecto que la elección entre los dos acabados (opaco o transparente) no concierne sólo al aspecto técnico, sino que debe ser evaluada también según las

diferentes posibilidades expresivas que implica (fig. 5.23). Para la representación detallada de las ventanas ver el capítulo "Aberturas vidriadas".

De esta manera, la pieza queda encolada por detrás de la abertura cortada a propósito para la ventana.

Si el intradós de la ventana debe revestirse posteriormente será necesario asegurarse de que las dimensiones del hueco en la fachada lo permitan. Dicha abertura deberá tener las dimensiones de la ventana, más el espesor del revestimiento a ambos lados, de tal modo que, una vez aplicados los revestimientos, las medidas resulten iguales a las del dibujo original. (figs. 5.24 y 5.25). El plexiglás también puede utilizarse para representar superficies acristaladas de mayores dimensiones como paredes acristaladas, glorietas, etc.

Pórticos

En el caso de una definición arquitectónica detallada el pórtico se construirá a partir de una definición analítica de las partes que lo constituyen. Los elementos que componen las columnas (base, dado, fuste, capitel) deben realizarse independientemente para, una vez montados y acabados proceder a su montaje. Aún así, si no disponemos de la mecanización adecuada, será necesario un grado de síntesis que permita la realización de elementos geométricos lo suficientemente simples como para poder ser ejecutados con medios artesanales.

Una vez verificado que tengan todas la misma altura, las columnas se encolarán bajo la imposta de los arcos del pórtico, dejando el espacio para la aplicación del revestimiento de las paredes inmediatamente superiores (fig. 5.26).

Al final del montaje es posible aplicar sobre el revestimiento elementos arquitectónicos importantes, como pilastras, cornisas pluviales, etc.

Galerías

Las galerías de una construcción pueden estar rehundidas respecto al plano de la fachada o, al revés, concebidas como balcones cerrados añadidos al plano del edificio. En el primer caso, las galerías rehundidas respecto al plano de la fachada serán realizadas simultáneamente a la construcción del volumen del edificio del cual son parte integrante. Sobre las paredes de la caja del edificio se trazará el perfil de las aperturas de la galería y, en caso necesario, el perfil de columnas u otros elementos de separación que se aplicarán posteriormente (fig. 5.27).

Si el interior de la maqueta está construido con tabiquillos (por motivos de solidez o porque el interior es visible), las galerías se realizarán insertando las paredes del fondo en el interior del edificio. El lado externo de las paredes, a la vista, deberá tener el mismo grado de definición de la fachada, y los elementos descritos (puertas, ventanas, elementos decorativos) deberán tener una definición análoga (fig. 5.28 a). Si, por el contrario, la caja de la maqueta no tiene particiones internas, la galería deberá construirse como una cajita autoportante encolada en el interior de la maqueta (fig. 5.28 b). En el caso de galerías en voladizo, se construye separadamente el volumen de las mismas y se sobrepone a la caja del edificio (figs. 5.29 y 5.30).

Balcones

Si se representa un balcón con parapeto macizo, la construcción es análoga a cuanto se ha descrito en los volúmenes simples. Pero con algunos matices referentes a la descripción de

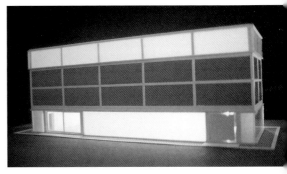

5.23

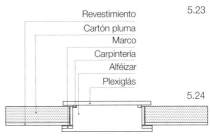

Revestimiento
Cartón pluma
Marco
Carpintería
Alféizar
Plexiglás

5.24

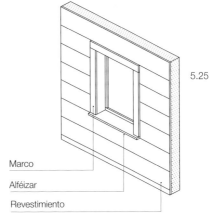

5.25

Marco
Alféizar
Revestimiento

5.26

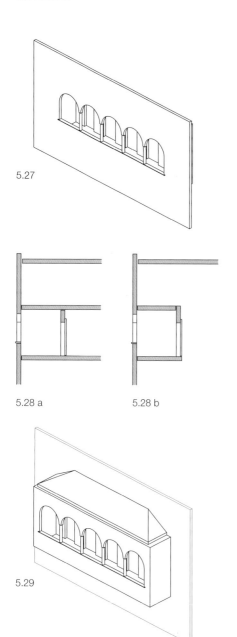

5.27

5.28 a   5.28 b

5.29

5.30

detalles constructivos y decorativos. Los balcones irán provistos de un coronamiento o alféizar, representados por una lámina de cartulina gruesa o plástico, levemente sobresaliente respecto al espesor del antepecho.

Si, por el contrario, el balcón no está delimitado por una pared maciza sino por una barandilla, ésta puede ser realizada de modos muy diversos: puede hacerse de metal, recortando a medida con las tijeras mallas metálicas de dimensiones reducidas, o mediante varillas o perfiles de madera y plástico (fig. 5.31).

La barandilla, compuesta por dichos perfiles se montará aparte, encolando provisionalmente las piezas sobre una hoja de papel, que será retirada antes del montaje (fig. 5.32).

Ventanas mirador

La construcción de las ventanas mirador será análoga a la de otras cajas adosables a la estructura principal de la maqueta. En muchos casos la base de la maqueta no es rectangular sino poligonal. Entonces será necesario prestar especial atención al acabado de las aristas.

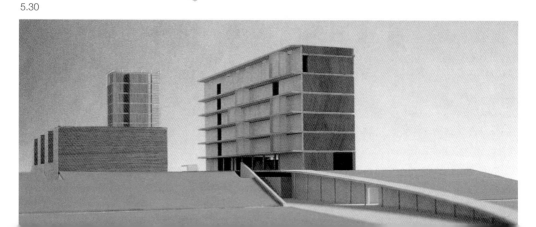

Los cerramientos se montarán sobre la pieza antes del ensamblaje de la caja. En cuanto al montaje de las partes vidriadas, debemos advertir que, en el caso de las ventanas mirador de base poligonal, las caras vistas de los mismos pueden ser más de una y, por tanto, las aristas en las que se aplica la cola pueden quedar vistas. En estos casos es aconsejable utilizar colas cianhídricas rápidas (Locktite y similares), y se deben evitar especialmente los pegotes de colas (fig. 5.33).

5.31

Techos

Los techos planos se representarán con los elementos estructurales y de acabado adecuados al grado de definición deseado; planos de cubierta, zócalos en el caso de cubiertas practicables, alféizares (realizados como los descritos para los balcones) sobre los parapetos (fig. 5.34).

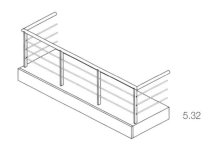

5.32

Para realizar los tejados inclinados es necesario construir una estructura de planos inclinados de un material suficientemente rígido (cartón pluma) para después revestirlos con cartón ondulado (techos de teja) o láminas metálicas estriadas (cubiertas de planchas metálicas).

En el caso de cubiertas curvas, los planos del techo se trabajarán con materiales maleables (plástico o plexiglás) o se realizarán directamente sobre plantilla (láminas de poliuretano o de tela embebidas en yeso).

5.33

Los aleros pueden representarse utilizando la acanaladura, oportunamente recortada, de un cartón normal de embalaje, o también con perfiles de plástico, madera o metal en forma de canalón, adquiribles en las tiendas de modelismo. Para la representación detallada de techos ver el capítulo "Cubiertas".

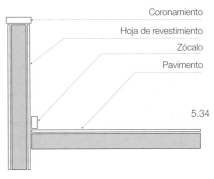

Coronamiento
Hoja de revestimiento
Zócalo
Pavimento

5.34

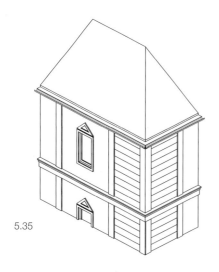

5.35

Salientes pequeños

Para la aplicación de pequeños salientes se procede primero a la construcción de los de mayor dimensión, ya descritos en los puntos precedentes del apartado (balcones, galerías externas, ventanas mirador), aplicando posteriormente los que conciernen a la representación de la estructura y de los detalles de la fachada (pilastras, forjados marcados en fachada) u otros salientes de carácter decorativo, definibles como "salientes pequeños".

Los salientes pequeños son todos aquellos elementos funcionales o decorativos que quedan integrados en la construcción de los volúmenes de un edificio. A esta categoría pertenecen alféizares, pilastras, tímpanos, cornisas, zócalos de piedra y todas las decoraciones previsibles en una fachada, así como los otros elementos funcionales del edificio, como aleros, canalones, etc.

Los salientes pequeños tienen normalmente dimensiones y espesores reducidos, pero son determinantes para la legibilidad y el realismo de la maqueta. De hecho, su presencia hace más comprensible la escala del edificio y enriquece el juego de luces y sombras de la maqueta, lo que la hace más interesante.

Su reducida dimensión comporta una particular precisión ejecutiva. Paradójicamente, el montaje resulta extremamente simple, pues en general es suficiente encolar la pieza a la maqueta ya preparada. En el caso de pilastras y forjados marcados en fachada por molduras se procede cortando a medida el material (cartulina o plástico), gravando posibles particiones decorativas (acanaladuras) y encolando las piezas ya acabadas sobre la caja.

Para los aleros se puede utilizar un pedazo de cartón ondulado. Se recorta una acanaladura y se encola en el borde del tejado.

En las esquinas se procede recortando a 45 grados los encuentros de las dos acanaladuras y se encolan con un refuerzo en el lado inferior. En el caso que el alero esté realizado con varillas plásticas o perfiles metálicos, puede ser suficiente encolar la arista de encuentro con una cola rápida (fig. 5.35).

El revestimiento

El revestimiento debe representar el material con el que se revestirá el edificio, su textura y, finalmente, su color. No es necesario que todas estas características estén descritas en la maqueta, pero puede ocurrir que, aun siendo extremamente analítica no prevea, por ejemplo, información sobre el color. De todas maneras, es necesario que las características geométricas de los diversos tipos de revestimiento se describan con suficiente precisión como para permitir, incluso en ausencia de especificaciones ulteriores, la comprensión de la naturaleza material del revestimiento (fig. 5.36).

Para describir las características geométricas del revestimiento, se trasladan sobre el

5.36

material las juntas, si se trata de una pared de obra o sillares de piedra, o las particiones si se trata de paredes con aplacados de piedra o paneles. Para grabar las juntas sobre el material (plástico o papel) es suficiente en general una incisión con el envés del cortador (fig. 5.37).

El acabado del revestimiento debe efectuarse antes de su montaje y, en general, también antes de su corte, porque de este modo se facilita la operación de las incisiones y también resulta más rápida. Posteriormente se aplica el color o acabado requerido. Es útil recordar al respecto que los colores en polvo (óxidos, pigmentos, pasteles) frotados sobre las láminas grabadas se depositan de modo irregular, resaltando las juntas. Hemos elegido algunos ejemplos de revestimiento a escala arquitectónica. Para la representación de los revestimientos ver capítulo 8.

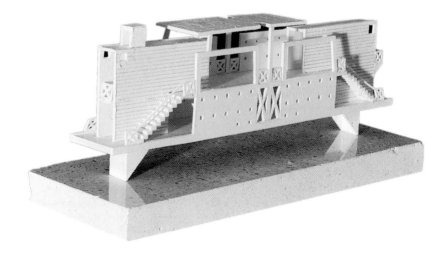

5.37

6 CUBIERTAS

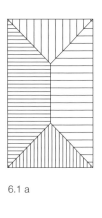

6.1 a

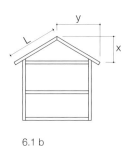

6.1 b

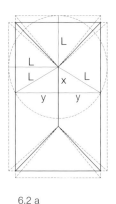

6.2 a

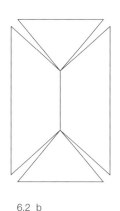

6.2 b

6.3

6.4

6.1 Cubiertas inclinadas

OBJETIVO realizar una cubierta inclinada según las diversas geometrías y materiales posibles.

BASE planta de cubierta, secciones, alzados.

MATERIALES cartulinas rígidas, cartón pluma, plásticos rígidos para los planos de los tejados, cartones lisos y ondulados, plásticos y colores para los revestimientos de las cubiertas y su acabado.

METODOLOGÍA se deberán construir y montar los planos inclinados, verificando que los extremos de encuentro de ambos faldones tengan un corte tal que no queden fisuras en la arista de unión. Este resultado puede obtenerse mediante un corte inclinado (cartón pluma o cartón rígido) o con un achaflanamiento sucesivo por corte (plásticos). Después se encolará el estrato de la cubierta sobre el plano de los faldones, con cartón ondulado en el caso de revestimientos con tejas, o con láminas grabadas en el caso de láminas, paneles o cubiertas inclinadas a escalas mayores.

ACABADOS los colores de las cubiertas pueden ser aplicados antes o después de las operaciones de montaje. Seguidamente será posible aplicar los acabados, como aleros, canalones y cumbreras.

Para construir un tejado inclinado será necesario inicialmente, definir la geometría del tejado y dibujar su desarrollo para tener el perfil de las piezas a recortar para el montaje. Esta operación es independiente del material a utilizar y su grado de acabado.

Si el material de los faldones quedara visto (no revestido) es necesario prestar especial atención a la realización del punto de encuentro entre los planos que, por motivos geométricos, deben estar achaflanados o perfilados de manera que no queden juntas vistas. En el caso de faldones a revestir con un estrato de cubierta, no será necesaria la misma precisión.

Para establecer las dimensiones de los faldones es necesario conocer la altura x de la cumbrera y la medida y de la planta (fig. 6.1 a, b). Es necesario, por tanto, proyectar la altura x de la cumbrera sobre la planta del faldón que se quiere calcular. Se toma entonces la longitud L (se puede calcular trigonométricamente pero es mucho más práctico medir directamente del dibujo, que deberá ser lo suficientemente preciso). Conocida la dimensión L, se recorta la pieza con la base de medida lineal extraída de la planta y la altura correcta según su desarrollo (fig. 6.2 a, b). La medida del faldón queda establecida, pero será necesario un control "en seco" de la adecuación y congruencia de las partes antes de proceder al encolado.

Los faldones que se encuentren en la cumbrera tendrán la misma longitud en el caso de materiales finos en los que la medida del espesor sea despreciable. En el caso de materiales de mayor espesor (cartón pluma, cartones rígidos) es posible sobreponer un faldón a otro en la cumbrera. En tal caso se tendrá en consideración que un faldón es más largo que otro en la medida equivalente al espesor del material. El resultado final

será, en cualquier caso, suficiente sólo para maquetas de trabajo o como base para sucesivos revestimientos (fig. 6.3).

Si el tejado no se va a recubrir, la junta de los faldones se realizará teniendo en cuenta el espesor del material. Si se trata de un cartón pluma se cortará a 45 grados, de modo que se absorba la junta (fig. 6.4); si se trata de poliestireno de medida parecida o superior al milímetro de espesor, el material deberá ser achaflanado a 45 grados, con papel de lija montado sobre una base rígida.

Para tejados más complejos es necesario descomponer las diversas partes que constituyen el edificio para reconstruir, como hemos descrito anteriormente, las geometrías de desarrollo de los faldones (fig. 6.5 a, b). En dicha figura se puede observar que, normalmente, la cumbrera del cuerpo A tendrá una cota más baja que la cumbrera del cuerpo B, porque si las pendientes son iguales, a mayor longitud, mayor altura. Construidos los faldones, la fase sucesiva concierne al acabado o al revestimiento (manto de cubierta).

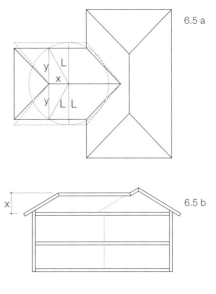

6.5 a

6.5 b

6.6

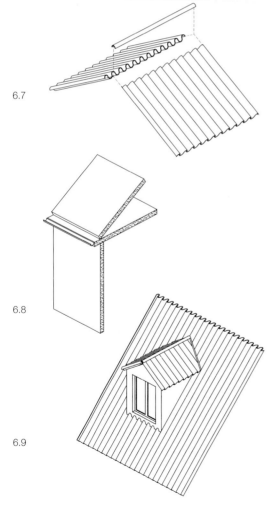

6.7

6.8

6.9

Cubiertas de teja

Si la escala adoptada es reducida (1:200) la cubierta de tejas pueden representarse con una cartulina o plástico con incisiones paralelas, tal como se describirá en el apartado "Revestimientos: ladrillos". Las líneas pueden estar distanciadas unos 2 mm o incluso menos. Dicha medida no corresponde necesariamente a la medida real a escala de las tejas. A escalas mayores (1:100, 1:50) se puede usar un cartón ondulado, revestido normalmente por un solo lado. El cartón se colocará con las acanaladuras paralelas a la pendiente de los faldones y, posteriormente, en el caso de que sea necesario, se podrá realizar una hilera de tejas a modo de cumbrera con una acanaladura de cartón ondulado recortada y vaciada por detrás (fig. 6.7). Las tejas de la cumbrera podrán realizarse también mediante acanaladuras de plástico o perfiles metálicos adquiribles en tiendas de modelismo. Los mismos elementos podrán ser utilizados para realizar aleros y canalones. Para maquetas de definición parcial o de trabajo los aleros pueden estar representados por un simple desfase entre la medida del faldón y el plano del último forjado (que será ligeramente más largo que la proyección del faldón) que, en este caso, sobresale a modo de alero (fig. 6.8).

Tragaluces

Los tragaluces tradicionales serán construidos como pequeños tejados a dos aguas. Para determinar la geometría de su desarrollo se procede tal como se ha descrito en el punto "Cubiertas inclinadas". Las paredes laterales que sostienen la cubierta del tragaluz deben recortarse según la pendiente del faldón sobre el cual vendrá montado. Una vez construida la caja del tragaluz con los acabados necesarios, será suficiente encolarla en su posición correspondiente sobre el faldón (fig. 6.9).

6.2 Cubiertas planas

OBJETIVO realizar una cubierta plana con materiales y acabados (en el caso de terrazas y tejados de pavimento practicable).

BASE planta de las cubiertas, secciones, planta de pavimento de las terrazas.

MATERIALES cartón pluma, plásticos rígidos para la estructura de los planos de cubierta, cartulina, plástico y colores para la pavimentación de las terrazas, de las cubiertas practicables y para los acabados.

METODOLOGÍA recortar los planos de la cubierta, construir los soportes para la cubierta sobre las paredes perimetrales, encolar. Los estratos de revestimiento de la cubierta, sea practicable (pavimentos) o impracticable (acabados bituminosos, grava, etc.) pueden ser aplicados antes o después del montaje del plano de cubierta, dependiendo de las fases de montaje.

ACABADO aplicación del color en el caso de que se realice después del montaje, aplicación de zócalos para pavimentaciones de cubiertas practicables.

Para la construcción de una cubierta plana es aconsejable colocar en el interior de la caja del edificio algunos tabiques de soporte, sobre los cuales la cubierta irá apoyada y encolada (ver apartado "Paredes"). El plano debe tener, por tanto, las dimensiones del edificio una vez descontado el espesor de los muros.

Generalmente, es más cómodo aplicar también el estrato de acabado (véase el apartado "Ordenación de espacios exteriores y pavimentos") antes del montaje, a menos que el acabado sea un simple barnizado con spray, que se debe realizar después del montaje.

Para cubrir la junta que se forma entre el plano horizontal y los muros perimetrales se puede colocar después del montaje una tira (cartulina, plástico) de acabado en el punto de unión (figs. 6.10 y 6.11).

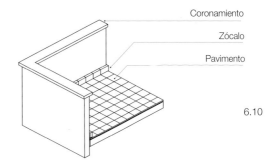

Coronamiento

Zócalo

Pavimento

6.10

6.11

61

6.12

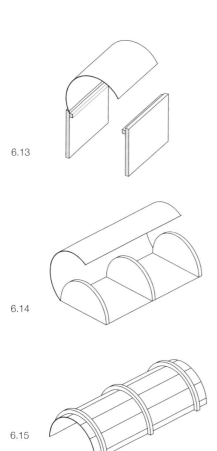

6.13

6.14

6.15

6.3 Cubiertas curvas

Objetivo realizar una cubierta curva con los diversos materiales y geometrías.

Base planta de cubiertas, secciones, alzados.

Materiales cartulina, láminas plásticas, láminas de plexiglás finas o acetato grueso, escayola con soporte de tela o poliuretano, poliestireno para los moldes de la escayola.

Metodología las cubiertas curvas pueden realizarse directamente o mediante moldes. En el primer caso es necesario utilizar materiales en láminas, o mínimamente flexibles, que permitan ser curvados. El segundo caso es particularmente útil si las piezas a construir son más de una; se construirá un molde con espuma (cartón pluma) o plástico doblado sobre el cual se aplicará la tela, embebida en escayola líquida. Obviamente, las piezas se prepararán aparte y después se montarán.

Acabado para las cubiertas realizadas directamente, los acabados (colores, revestimientos) pueden ser aplicados después del montaje. Para las piezas realizadas con molde y escayola será necesario en cada caso un pulido con papel de lija y posibles tratamientos de fijación.

La elección de la técnica de realización de las cubiertas curvas depende de algunos factores:
a) la dimensión de la cubierta a realizar;
b) el material que se deba adoptar en consonancia con la maqueta a realizar;
c) la necesidad de repetir esta cubierta en la maqueta.

Cubiertas de pequeñas dimensiones

Cuando las curvas sean de dimensiones reducidas, debido a la escala de la maqueta o a que se trata de elementos pequeños (lucernarios, pérgolas), el método más simple es colocarlas en tensión entre elementos perimetrales (muros, vigas, etc.) de un material lo suficientemente elástico como para asumir la curvatura deseada. Se utilizarán láminas de cartulina o de plástico fino (poliestireno de 0,45 mm de espesor) (figs. 6.12 y 6.13).

Cubiertas de grandes dimensiones

Para cubiertas de grandes dimensiones es necesaria la construcción de cimbras de soporte, sobre las cuales se encolará la lámina de la cubierta. La realización de las cimbras permite controlar con exactitud la geometría de las secciones de la cubierta, además de permitir rigidizar la curva que, al ser de grandes dimensiones, podría deformarse con facilidad (fig. 6.14).

En el caso de maquetas en sección o en aquellas en las que el interior sea visible, la función de las cimbras puede ser asumida por algunos elementos estructurales, como por ejemplo los arcos. Obviamente, si permanecen vistos, el acabado de los arcos debe ser lo suficientemente preciso.

Si para realizar la cubierta curva se usa un cartón de un cierto espesor, puede ser necesario cortar longitudinalmente la superficie para favorecer su curvatura, en cuyo caso podría presentar una superficie irregular. En este caso, las incisiones realizadas en la cara exterior (vistas) o las costillas que se forman (si las incisiones se han realizado por la cara interior) es un tema que debe ser evaluado previamente en relación al tipo de cubierta que se quiere representar (fig. 6.15).

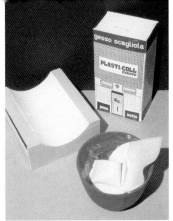

6.16

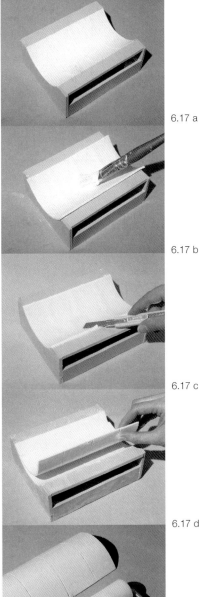

6.17 a

6.17 b

6.17 c

6.17 d

6.17 e

Cubiertas repetidas y modulares

Para cubiertas que requieran, por su dimensión o por exigencias expresivas, una rigidez o un espesor notables, se puede utilizar la escayola con molde perdido o recuperable (en el caso de cubiertas repetidas)(fig. 6.16).

Para suplir las carencias mecánicas de la escayola, se aplicará el material sobre un soporte de tela o de poliuretano que aumentará su resistencia. Bastará con introducir en un recipiente la escayola en polvo, añadir agua hasta que la pasta sea muy fluida y, entonces, sumergir la tela o el poliuretano hasta su total embebimiento. Con anterioridad, se habrá realizado un molde cóncavo o convexo (fig. 6.17 a-e) en el cual se aplicará la tela embebida en la escayola hasta su endurecimiento. Es preferible utilizar láminas de plástico porque el papel, en contacto con la escayola húmeda, corre el riesgo de deformarse y, además, el molde no podría reutilizarse.

La cara de la cubierta en contacto con el molde queda «acabada» (lisa) mientras que la cara opuesta mantendrá la superficie rugosa de la escayola. La utilización de un molde cóncavo o uno convexo depende también de qué cara (interna o externa) se desee presentar como acabada.

El molde puede ser *cóncavo*. En este caso será realizado en material macizo perfilado (cartón pluma) o bien construyendo un semivolumen con láminas de plástico sobre cimbras, tal y como se ha descrito en la fig. 6.17 a-e. El molde puede ser perdido, es decir que quede embebido en el volumen curvo de la cubierta, o bien recuperable después del endurecimiento de la escayola. En el segundo caso será aconsejable untar el molde con lubricante (aceite de vaselina) para facilitar la separación.

El molde puede ser también *convexo*. En tal caso las cimbras serán externas y el semivolumen irá encolado en el interior del perfil de las cimbras. Es especialmente útil, en este caso, la recomendación de untar el molde antes del montaje, porque la separación de un molde cóncavo es más difícil que la de un molde convexo. Si se quieren representar los elementos estructurales de la cubierta (costillas) se pueden insertar en el interior del molde algunas tiras que marcarán el negativo de la superficie (fig. 6.17 d).

Acabado. Una vez realizada la pieza de la cubierta curva es posible aplicar un acabado, que puede preceder o sustituir al pintado, con el fin de dejar perfectamente lisa la cara vista. Una vez retocadas con escayola o masilla las posibles imprecisiones, se puede aplicar una capa de pintura plástica (blanca o de color) que se debe pulir después de seca con papel de lija fino (fig. 6.17 e). La operación puede repetirse tantas veces como sea necesario hasta obtener una superficie perfectamente lisa.

6.18

6.4 Cubiertas metálicas

OBJETIVO realizar una cubierta metálica según las diversas geometrías.

BASE planta de cubiertas, secciones, alzados.

MATERIALES láminas de cobre o aluminio, cartulinas de colores.

METODOLOGÍA los materiales con los que se realizarán las cubiertas metálicas son de poco espesor. Por ello será necesario, salvo en el caso de cubiertas muy pequeñas, encolar las láminas de cubierta a modo de revestimiento de los faldones del tejado, realizados independientemente (véase, según el caso, "Cubiertas inclinadas" o "Cubiertas curvas").

ACABADO para las cartulinas es posible, si se quiere conseguir el efecto del cobre oxidado (verde) utilizar óxidos o pasteles desmenuzados y frotados sobre la cartulina. Para el metal, es posible oxidar el cobre con productos químicos.

Las cubiertas metálicas pueden representarse mediante una simple diferencia de color respecto a los muros perimetrales de la maqueta. En el caso de una maqueta monocroma (blanca) bastará con utilizar una tonalidad un poco más oscura (gris) para la cubierta.

Para maquetas más analíticas, la representación tendrá en cuenta el color (cartulina de color) o directamente el material (fig. 6.18) de la obra representada. En el caso de una cubierta de cobre, la representación puede ser realizada con una lámina de cobre previamente oxidada.

Para oxidar el cobre es posible utilizar ácidos de uso doméstico (Viakal), dejando en inmersión las láminas de cobre durante el tiempo necesario para la oxidación.

La cubierta puede, además, mostrar la junta de las láminas de metal, que puede ser realizada grabando las juntas de la superficie del metal o la cartulina con el envés de un cortador.

Doblando el borde externo del faldón con ayuda de una escuadra se pueden realizar los canalones del alero. En el caso de dimensiones reducidas será aconsejable hacer una incisión en la cara opuesta del sentido de pliegue, así podrá realizarse de manera más simple y regular.

Después podremos proceder a un mayor acabado realizando el cerramiento de la cumbrera mediante el pliegue de una tira del material elegido y con la longitud adecuada, después de haber marcado la línea de pliegue con ayuda del cortador (fig. 6.19).

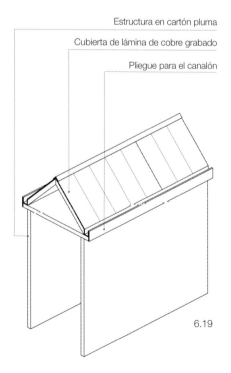

Estructura en cartón pluma

Cubierta de lámina de cobre grabado

Pliegue para el canalón

6.19

6.5 Cubiertas transparentes

Objetivo realizar una cubierta transparente o traslúcida según las diversas geometrías.

Base planta de cubiertas, secciones, alzados.

Materiales plexiglás de espesor fino y medio (1-2 mm) o acetatos gruesos.

Metodología las cubiertas transparentes pueden ser curvas o constituidas por planos (inclinados o no). En el caso de cubiertas curvas el material debe ser lo suficientemente fino como para permitir la curvatura. En el caso de planos inclinados, la arista de encuentro (cumbrera) debe estar especialmente cuidada, achaflanando los dos planos de manera que coincidan exactamente.

Acabados antes del montaje se grabarán, si procede, líneas en el material (para indicar la separación entre cristales). Para convertir en opacas (traslúcidas) las superficies, se frotarán las dos caras de las láminas con papel de lija. Después del montaje será necesario un repaso ulterior.

Cubiertas inclinadas transparentes

Las cubiertas inclinadas transparentes se realizarán de un modo análogo a las cubierta inclinadas opacas, es decir, calculando la geometría de desarrollo, recortando los faldones y colocándolos después sobre los muros perimetrales del volumen a cubrir o sobre la estructura de soporte. El material preferible es el plexiglás fino (1 mm), ya que permite un corte ágil y resulta fácilmente trabajable en las aristas de encuentro entre planos (fig. 6.20).

Cubiertas curvas transparentes

Las cubiertas curvas transparentes se construirán con una técnica análoga a la anteriormente descrita, es decir, colocando en tensión las láminas transparentes y encolándolas. Estas láminas deben ser lo suficientemente flexibles como para ser curvadas sobre cimbras (que en este caso, serán siempre visibles). El material más adecuado es el acetato grueso, porque la rigidez del plexiglás limita su uso a curvas muy leves, y el papel vegetal es absolutamente desaconsejable debido a su escasa resistencia y su sensibilidad a los cambios de humedad.

El encolado de la cubierta con las cimbras (preferiblemente de plástico-poliestireno) se llevará a cabo mediante colas cianhídricas de endurecimiento instantáneo (Locktite) o con cloroformo aplicado con pincel (ver "Técnicas de encolado").

En el primer caso, el encolado será inmediato, pero es fácil que la superficie transparente se ensucie. Por lo contrario, utilizando cloroformo es más fácil mantener la limpieza de ejecución. Dado que el tiempo de endurecimiento del cloroformo es largo, es aconsejable mantener la pieza a presión con algún tipo de papel o cinta adhesiva (fig. 6.21).

Acabado. Los acabados de las cubiertas transparentes deberán tener en cuenta qué aspecto debe asumir la superficie en función de las necesidades expresivas.

Superficie transparente: si la superficie debe ser perfectamente transparente se utilizará acetato (o plexiglás, según las advertencias hechas anteriormente) transparente. Será necesaria una particular atención en el encolado y se habrá de tener siempre presente que una superficie transparente dejará totalmente a la vista toda la parte que se ha cubierto; por tanto, la ejecución de estos

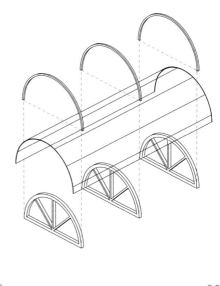

6.20

6.21

elementos debe ser realizada con precisión análoga a la de las partes exteriores.

Superficie traslúcida: si se quiere representar una superficie opaca o traslúcida, o si simplemente la economía de la maqueta sugiere no representar los interiores, la superficie de la cubierta se tratará con papel de lija fino en una o ambas caras del acetato, hasta tornarlo opaco. En este caso, las posibles imprecisiones en el encolado resultarán menos evidentes.

Particiones de la cubierta: Si la cubierta real está dividida por estructuras y las queremos representar, se pueden realizar incisiones sobre la superficie, tanto si es transparente como si es traslúcida. Si trabajamos a escala más analítica, que sugiera una diferencia entre el vidrio y la carpintería, se pueden encolar tiras de poliestireno que reproduzcan el dibujo de la cubierta, presentando además la ventaja de cubrir las posibles imprecisiones de encolado entre la cubierta y la estructura inmediatamente por debajo.

6.6 Pérgolas

OBJETIVO realizar una cubierta de pérgolas acristaladas u opacas y la estructura que las sostiene. Para realizar la cubierta se siguen, según los casos, las indicaciones de los apartados precedentes (cubiertas planas, inclinadas, curvas y transparentes). Para la estructura se siguen las indicaciones presentadas en el apartado "Paredes".

ACABADOS tratándose de estructuras simples y de dimensiones limitadas será necesario ejecutar con precisión el trabajo y determinar atentamente qué detalles serán necesarios para la comprensión de su escala como aleros, estructuras de soporte, cumbreras, etc.

La construcción de las pérgolas, sean opacas, transparentes o traslúcidas, seguirá las indi-

Cubierta de cartón o poliestireno 0.45 mm

Estructura con varillas de madera o plástico

6.22

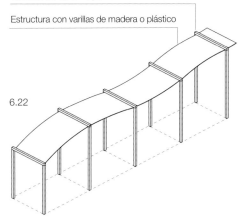

Cubierta de plexiglás transparente
u opaco con incisiones

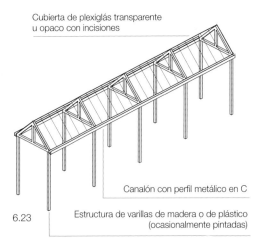

Canalón con perfil metálico en C

6.23   Estructura de varillas de madera o de plástico
       (ocasionalmente pintadas)

caciones de apartados relativos a la construcción de cubiertas según los diversos acabados y materiales de los cuales la pérgola está constituida. La única advertencia importante a reseñar es la precisión y perfecta colocación "a plomo" y escuadra de los elementos de soporte, que en general son libres y, por ello, extremadamente visibles. Puede resultar útil construir los soportes a escuadra durante el encolado. En las figuras 6.22 y 6.23 se muestran dos ejemplos de pérgola.

Para encolar superficies muy reducidas, como en el caso de la construcción de estructuras de soporte, será necesario el uso de colas de alta resistencia y endurecimiento, como las colas cianhídricas (Locktite) (fig. 6.24).

6.24

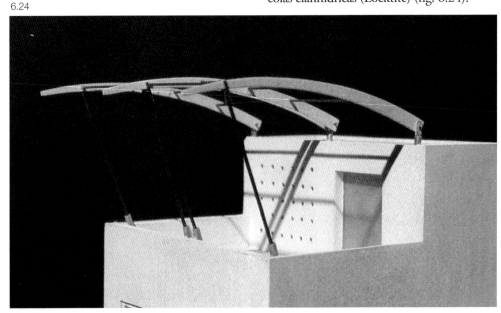

ABERTURAS VIDRIADAS | 7

El capítulo contempla la realización de los paramentos acristalados de la maqueta a escalas y grados de definición que hacen necesario el uso de materiales que evoquen el efecto del vidrio como, por ejemplo, el plexiglás.

Para maquetas más abstractas o para exigencias expresivas que requieran representaciones menos definidas remitimos a la descripción de las ventanas en el capítulo "Paredes", en el cual se ilustran algunos métodos menos analíticos para representar las aberturas de un volumen (fig. 7.1).

OBJETIVO realizar la representación en maqueta de las aberturas vidriadas según las diferentes escalas y modalidades expresivas.

BASE dibujos (plantas, secciones, alzados) a escala apropiada (1:200, 1:20).

MATERIALES plexiglás de 1mm de espesor, láminas de poliestireno (0.45 mm), perfiles en L o H de madera o metal (modelismo), colores.

METODOLOGÍA las ventanas y demás aberturas acristaladas se realizarán con láminas de plexiglás, natural o lijado con papel de lija fino hasta tornarlo opaco. Dependiendo de la escala de definición, se podrán encolar sobre las vidrieras los perfiles de cerramiento, realizados con tiras de cartulina o plástico. En escalas más detalladas (1:20, 1:10) la carpintería puede realizarse con perfiles de modelismo de madera o metal encolados.

ACABADOS la coloracion en caso de ser necesaria se llevará a cabo siempre antes del montaje, ya que las reducidas dimensiones hacen excesivamente complicado el tratamiento y barnizado después del montaje.

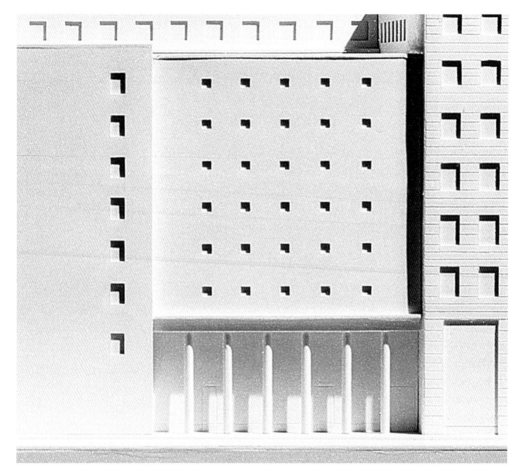

7.1

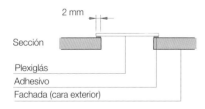

7.2

7.1 Ventanas

El material base para la representación analógica de las ventanas debe tener características similares a las del vidrio. Generalmente se utilizarán láminas de plexiglás de 1 mm de espesor, suficientemente resistentes y fáciles de cortar a medida mediante incisiones con un cortador.

Para exigencias especiales es posible utilizar materiales y espesores diversos: de mayor espesor, como el plexiglás de 2 mm, con el inconveniente de una cierta dificultad de corte; de menor espesor, como el acetato, que puede presentar problemas para mantenerlo plano. Esta característica es, por el contrario, útil en el caso de que se quieran realizar superficies curvas.

La parte vidriada de la ventana puede dejarse transparente o bien tratada con papel de lija fino hasta dejarla traslúcida. Los diferentes grados de opacidad del tratamiento se obtienen trabajando sólo una o bien ambas caras del plexiglás.

Si se trata tan sólo una cara se puede, dependiendo del efecto deseado, dejar vista la cara tratada o bien la natural.

El plexiglás natural es perfectamente transparente y, por ello, puede resultar "invisible" si la ventana se representa por una simple superficie de plexiglás. Por tanto, es aconsejable usar el plexiglás traslúcido para las escalas mayores (1:200, 1:100), que en general no prevén la representación de los vidrios. De este modo, las aberturas adquieren mayor materialidad.

Para escalas más analíticas (1:50, 1:20, 1:10) se puede, por el contrario, utilizar el plexiglás transparente. En este caso, es preciso tener presente que también los interiores de la maqueta que queden detrás del acristalamiento quedan vistos y, por ello, deben tener una definición como mínimo parcial.

Si la maqueta va a estar revestida, en la realización de las ventanas debe tenerse en cuenta el espesor del revestimiento en el intradós de la ventana.

Antes del montaje de la superficie vidriada, se pueden montar sobre la maqueta bordes y decoraciones de gran relieve alrededor de las ventanas. Parapetos, rejas y todo lo que se encuentra por delante del plano de las ventanas se aplicará después del montaje de éstas (véase el capítulo "Paredes").

7.3

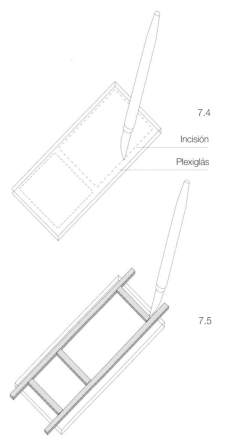

7.4

Incisión

Plexiglás

7.5

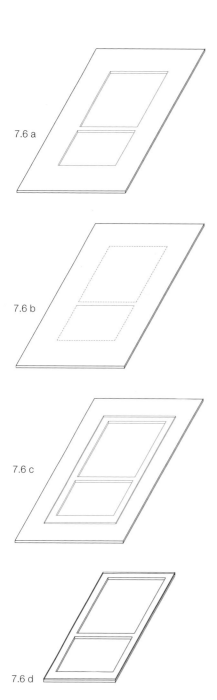

7.6 a

7.6 b

7.6 c

7.6 d

Para una descripción detallada de las operaciones necesarias para realizar maquetas de carpintería se exponen las diversas tipologías con referencia a la escala de representación.

Ventanas a escala 1:200, 1:100

A las escalas arquitectónicas (1:200, 1:100) la representación de las aberturas puede realizarse mediante simples rebajes y, eventualmente, insertando en la jamba un material que diferencie cromáticamente la abertura del muro perimetral. Esta técnica, que pertenece a la simple definición volumétrica de los elementos, se describe en el capítulo "Paredes".

Cuando, por el contrario, se pretenda representar también el efecto material de las aberturas vidriadas, éstas se pueden realizar mediante material transparente o traslúcido que recuerde el efecto del vidrio. Las láminas de plexiglás se cortarán a una medida ligeramente superior a la de la abertura del muro (al menos 2 mm por lado) de modo que permita el encolado, realizado por la parte posterior (parte interna de la maqueta) (figs. 7.2 y 7.3).

Si las exigencias expresivas o la escala (1:100) requieren una representación más específica de las ventanas, se pueden grabar sobre el material las líneas principales de las carpinterías. En el caso en que el plexiglás se desee traslúcido, será mejor practicar las incisiones antes de lijar el material. De este modo, las líneas resultarán más evidentes (fig. 7.4).

Se aconseja, como ya establecíamos en la introducción del capítulo, el uso de plexiglás traslúcido para las escalas de representación arquitectónicas; de este modo su efecto final será mayor y tendremos la posibilidad de ocultar las posibles imprecisiones de la fase de montaje, habituales cuando se trabaja con superficies de montaje reducidas.

Ventanas a escala 1:100, 1:20

Cuando la escala de representación prevea una definición de detalle analítica es necesario introducir elementos ulteriores de lectura que describan la estructura de las ventanas. Será para ello necesario no limitar la descripción a la diferencia de materiales (muro, plexiglás) sino también representar la división de los cristales, es decir, la carpintería.

Para realizar las carpinterías se utilizarán materiales en láminas (cartón, poliestireno, madera) que se cortarán en tiras finas (1-2 mm) y se encolarán reproduciendo el dibujo de las divisiones (fig. 7.5).

Es aconsejable marcar la línea de encolado con un cortador sobre el plexiglás (como en la figura 7.4) y adherir tiras con mayor longitud de la necesaria, para después recortarlas sobre su posición con un simple corte. Estas previsiones permiten un encolado preciso a pesar de lo reducido de las medidas.

Otro método consiste en recortar en láminas del material elegido, reservas que reproduzcan el dibujo de las carpinterías; estas reservas se encolarán después encima del plexiglás. De este modo, se obtiene una superficie sin juntas que, a pesar del mayor tiempo de realización que requiere respecto al método precedente, presenta una mayor limpieza de presentación (fig. 7.6 a-d).

Para ambos métodos (tiras finas y reservas) es posible escoger si, durante la fase de montaje, la carpintería debe sobreponerse al muro perimetral (fig. 7.7 a) o si debe tener tan sólo el propio espesor a lo largo del perímetro (fig. 7.7 b). En el primer caso, el encolado es más sencillo, pero la abertura en el muro debe ser extremadamente precisa, pues de otra manera la línea de encuentro resulta irregular. En el segundo caso, la me-

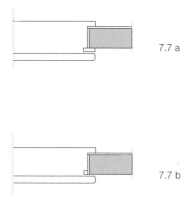

7.7 a

7.7 b

7.8

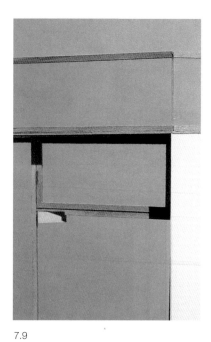

7.9

7.10

dida de la carpintería está ya determinada (no depende de posibles imprecisiones del muro externo).

Si las carpinterías tienen que tener un color, es aconsejable usar materiales que vengan ya pintados, o al menos pintar el material (con spray) antes del montaje sobre el plexiglás (fig. 7.8).

Ventanas a escala 1:20, 1:5

En el caso de maquetas detalladas, la representación no se limitará a la cara externa de la carpintería, sino que describirá también el espesor y la estructura. Se utilizarán en este caso perfiles de madera o metal, normalmente adquiribles en tiendas de modelismo. Los perfiles más utilizados son en H, en L o rectangulares. Las medidas de dichos perfiles, en el caso de escalas detalladas, deberán ser en la medida de lo posible iguales en su escala a la realidad. Así, si se pretende representar una carpintería que en realidad tiene una sección de 60 x 60 mm, a escala 1:10 se utilizará un perfil de 6 x 6 mm (figs. 7.9 y 7.10).

7.2 Invernaderos y vidrieras

METODOLOGÍA las metodologías de realización
son análogas a las descritas en el apartado
precedente ("Ventanas"). La única advertencia
a tener en cuenta se refiere al caso, frecuente
sobre todo en arquitecturas contemporáneas,
de galerías, invernaderos o superficies
vidriadas de grandes dimensiones con
desarrollo curvilíneo. En este caso, es
aconsejable usar una lámina de acetato grueso
en lugar de plexiglás que, al ser rígido,
presenta dificultades a la hora de curvarlo.

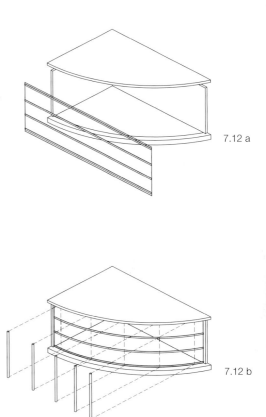

7.12 a

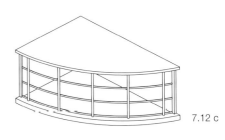

7.12 b

En la representación de invernaderos y acristalamientos se procederá con las mismas técnicas
descritas para carpinterías simples (fig. 7.11). En
el caso de acristalamientos curvos se utilizará
acetato grueso mantenido en posición por los
muros y cubiertas que lo delimitan. Las particiones de las carpinterías pueden aplicarse antes
o después de la colocación de la superficie vidriada. Es también posible utilizar plexiglás,
curvándolo sobre un molde después de calen-
tarlo con agua hirviendo o vapor, pero el resultado no es siempre regular. En la figura 7.12 a,
b, c presentamos, a modo de ejemplo, un invernadero vidriado.

7.12 c

7.11

8.1

La aplicación de los estratos de revestimiento
(zócalos, materiales de fachada, divisiones)
contempla el caso de maquetas de las cuales
se desee describir de un modo detallado las
características. Para conseguir la síntesis
necesaria en la construcción de materiales
y texturas aptos para la representación de
revestimientos, es necesario referirse a
características como opacidad, transparencia,
continuidad o no continuidad, accidental o
preciso, naturalidad o artificialidad del
aspecto que se desea conseguir. De este modo,
la representación selecciona las características
esenciales y las relaciones entre los diversos
materiales en función de estas dicotomías
categóricas. La decisión de representar los
aspectos materiales, en particular en el caso
de maquetas a pequeña escala o sintéticas,
permite una descripción a menudo más eficaz
que las descripciones analíticas del material,
que pueden resultar confusas o excesivas
respecto al objetivo comunicativo de la
maqueta. Aún así, es importante que el grado
de síntesis y la relación entre las
representaciones de los diversos materiales
se verifiquen, de manera que las jerarquías
y las diferentes características se revelen
comprensibles de inmediato. Una útil
verificación de la eficacia de la representación
se obtiene controlando que la reconocibilidad
del material representado sea suficiente aún en
ausencia de indicaciones cromáticas.

OBJETIVO realizar los revestimientos de las
paredes exteriores según los diferentes
materiales y dibujos.

BASE dibujos (plantas, secciones, alzados) a
escala apropiada (1:200, 1:20), fotografías.

MATERIALES cartulinas (blancas y de colores),
láminas de madera y otros materiales,
láminas de poliestireno (0,45 mm), colores.

METODOLOGÍA los revestimientos (ladrillo,
piedra, almohadillado, paneles) se
representan generalmente por un estrato
que, naturalmente o con una capa de
pintura, indica el material sobre el cual se
encolan los posibles relieves de la fachada.
Seguidamente, los estratos se encolan
sobre las paredes perimetrales, atendiendo
a que, en las esquinas, los relieves de una y
otra pared coincidan.

ACABADOS el pintado se puede llevar a cabo
antes o después del montaje. En cualquier
caso, suele ser necesario retocar las
esquinas después del montaje.

Los revestimientos constituyen un elemento
esencial en la representación de un edificio,
por cuanto permiten reconocer las diferentes
características materiales del conjunto y de
sus partes (fig. 8.1).

La descripción de la naturaleza de los diferentes revestimientos puede ser muy simple, pero requiere prestar atención a que las

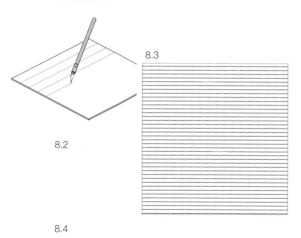

8.2

8.3

8.4

diferentes partes de la maqueta tengan un grado de definición análogo, es decir, que no encontremos partes descritas hasta el último detalle y partes sintetizadas al extremo.

El revestimiento debe representar el material del cual el edificio está compuesto, su textura y color. La preparación de las láminas de revestimiento se realiza antes del corte de las piezas, de modo que la textura (por ejemplo, las juntas entre ladrillos) sean lo más uniforme posibles.

Es importante realizar pruebas antes de la ejecución, para verificar el efecto que se quiere obtener con el revestimiento, y sólo después realizar las piezas necesarias.

Los diferentes materiales se representarán de tal modo que describan de modo sintético las características de la superficie.

Ladrillos

Para representar una pared de ladrillos se grabarán las hiladas horizontales con una separación tal que haga legible las juntas horizontales y las verticales. La separación entre líneas no corresponderá necesariamente a la medida a escala, sobre todo en modelos a grandes escalas.

La incisión en las láminas, sean plásticas (poliestireno) o de cartulina, se practica con el envés de un cortador o una punta metálica (no demasiado afilada, de manera que no corte el material). Se puede usar también la punta metálica de una micromina fina (0,3 o 0,5 mm) (fig. 8.2).

Para el trazado del revestimiento se graban a distancias regulares las líneas horizontales (fig. 8.3).

Para remarcar la textura que nos proporcionan las líneas es posible utilizar una técnica de frotado sobre el revestimiento, empleando

8.5 a   8.5 b

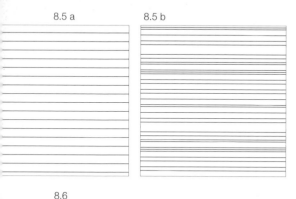

8.6

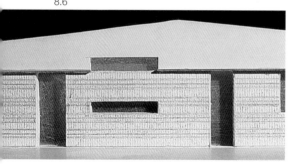

grafito o colores en polvo como se especificó detalladamente en el capítulo "Colores" (fig. 8.4).

Piedra

En las maquetas a gran escala, la técnica para reproducir el efecto superficial de la piedra es análoga a cuanto se ha descrito para el ladrillo, con la diferencia de que las líneas deben grabarse a mayor distancia e irregularidad de intervalos (figs. 8.5 a, b, 8.6).

En maquetas a pequeña escala, o para revestimientos realizados con piedras de grandes dimensiones, puede resultar necesario grabar también algunas juntas verticales, de manera que se represente la trama del revestimiento (fig. 8.7).

Finalmente, es posible representar las piedras en relieve, a modo de tarjetas recortadas y encoladas sobre la superficie a revestir. También para la piedra se puede remarcar la trama del revestimiento con un tratamiento de color (figs. 8.8 y 8.9 a, b).

Almohadillado

Éste es un caso particular del revestimiento en piedra. El tratamiento será, por lo tanto, análogo, aunque a escalas muy pequeñas encontraremos algunas diferencias de tratamiento. Las tarjetas del almohadillado, en el caso de maquetas de definición detallada, pueden perfilarse individualmente antes de su montaje.

Paneles

En la ejecución de una maqueta de arquitectura, los paneles pueden asimilarse a los demás materiales de revestimiento de formato constante (por ejemplo, láminas y planchas), aunque con algunas características peculiares dentro de esta categoría de re-

8.7   8.8

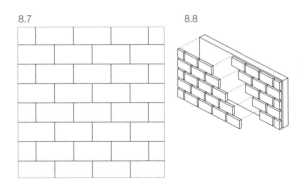

8.9 a

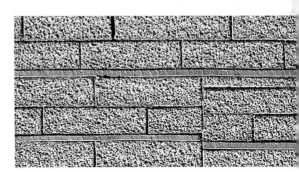

8.9 b

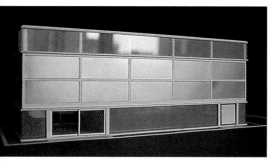

8.10

8.11

8.12

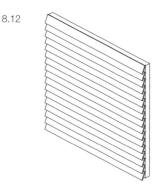

8.13

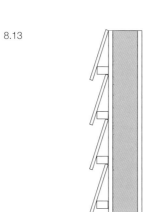

vestimientos, fundamentalmente referidas a dimensiones, corte y materiales.

Para representar este tipo de revestimiento, además de otros tratamientos superficiales posibles (mediante el uso del color, por ejemplo), se marcan las juntas (horizontales y verticales) para señalar la colocación de los diversos paneles.

En el caso de materiales de aspecto particularmente «técnico» o sintético (muro cortina, metales, plásticos) será necesario tener en cuenta la elección de un material que comunique, en lo posible, el carácter matérico de la superficie (fig. 8.10).

Madera

La madera como revestimiento puede ser utilizada con diversos cortes y dimensiones: proporciones horizontales o verticales, paneles, lamas, etc.

En función del tipo de revestimiento a representar se marcarán las juntas horizontales o las verticales. En el caso de piezas verticales se marcarán las juntas con líneas (incisiones) simples.

En el caso de piezas horizontales las juntas se marcarán (si la escala de representación es lo suficientemente grande para permitirlo), con una línea doble, que describirá la fresadura de la junta, generalmente presente en la ejecución del revestimiento (fig. 8.11).

Para los paneles de madera vale, en general, lo descrito en el punto «Paneles».

Las lamas presentan dos características morfológicas que deben ser descritas sustancialmente: el corte mismo de las lamas y su relieve respecto al plano de la fachada. En el caso de maquetas a escala reducida se puede representar la superficie constituida por lamas con simples tiras de revestimiento, cuidando de remarcar el relieve mediante la inserción de piezas de un cierto espesor bajo el borde inferior de la tira de revestimiento (figs. 8.12 y 8.13).

A escalas pequeñas será útil representar también el formato de las lamas grabando las tiras o, en casos más analíticos, montando las lamas una a una.

Cemento

Para representar a escala la textura de paredes o revestimientos de cemento es suficiente, por lo general, el empleo de un tratamiento que reproduzca las características de la superficie (porosidad y rugosidad) del material.

El resultado se puede obtener mediante cartulinas o el uso del color, utilizando témperas en spray, hidropinturas u otros acabados que garanticen suficiente "grano".

En el caso de paneles de cemento es útil incorporar algunas informaciones suplementarias. Estos revestimientos, típicos en la arquitectura de Tadao Ando y de numerosos arquitectos de la Suiza italiana, presentan los característicos agujeros de encofrado que deberán también ser representados. El resultado se puede obtener con una incisión practicada con la punta de una micromina o con un punzón (fig. 8.14).

Revocos

La característica del revestimiento de revoco viene determinada esencialmente por el color, que ha sido tratado en su capítulo específico.

Una alternativa posible sería la utilización de cartulinas de colores (fig. 8.15).

Metales

Cuando la representación de los paneles metálicos tal como han sido descritos en el apartado «Paneles» no sea suficientemente eficaz, o para representar superficies metálicas que no sean lisas (rejas, *brise-soleil*) se pueden utilizar telas metálicas, como las comunes mosquiteras.

En tiendas de modelismo podemos encontrar perfiles de diferentes secciones que son útiles para la construcción de las estructuras que sostienen los revestimientos de malla metálica.

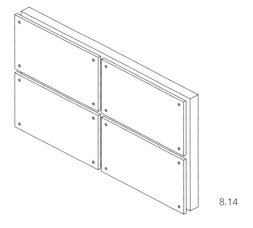

8.14

8.15

9.1

9.2

La representación de la maqueta de arquitectura está orientada a la lectura de los volúmenes, de las relaciones dimensionales y espaciales y de las relaciones con el contexto. La expresión de los materiales, desde un punto de vista decorativo o cromático aunque es determinante en una descripción analítica, no es esencial y específico en la realización de la maqueta que, de hecho, se realiza en un solo material y color.

En cambio, en el caso de maquetas de interiores el objetivo no es la representación de un volumen sino más bien de un ambiente. Así, resulta determinante la correcta y completa representación de todas las características de los materiales, los colores y los acabados que concurren en la definición del carácter de un interior.

Tipologías. *Las tipologías de las maquetas de interiores deben contemplar la posibilidad de que el interior del edificio sea visible. Se trata de maquetas con grandes superficies transparentes o bien de maquetas que representan solamente partes del edificio dentro de las cuales se encuentra el ambiente en cuestión. Las tipologías más frecuentes son las siguientes:*
- Maquetas con partes transparentes: grandes acristalamientos, galerías o lucernarios permiten la visión del interior, que debe por ello ser representado con un grado de definición análogo al de las partes exteriores a idéntica escala.
- Maquetas en sección: maquetas de partes de edificios seccionados en un punto significativo. Algunos de los casos más

frecuentes son las maquetas seccionadas por la mitad (en el caso de edificios más o menos simétricos) en las cuales la representación permite ver tanto el exterior como el interior, o bien maquetas que permiten ver la sección estructural del edificio (figs. 9.1 y 9.2).
- Maquetas abiertas: frecuentes en maquetas de apartamentos, las maquetas abiertas representan un interior visible gracias a la ausencia de forjado o, en el caso de viviendas unifamiliares, de cubierta (figs. 9.3 y 9.4).
- Maquetas de ambientes interiores: maquetas de partes significativas y seleccionadas de ambientes interiores, que pueden ser de habitaciones de apartamentos e incluso sólo rincones o zonas con detalles singulares (fig. 9.5).

Escalas de representación. *Las escalas de representación serán arquitectónicas y de detalle. En el caso de maquetas en sección podrán ser de hasta 1:200 (el detallado será abstracto), aunque frecuentemente se adoptarán escalas más analíticas (1:50, 1:20, 1:10).*

Elementos a describir. *Algunos elementos presentes en los interiores se realizarán de modo análogo a cuanto se ha descrito en los apartados relativos a representación de exteriores (carpinterías, pavimentación, revestimientos). Los elementos característicos de los interiores se presentan mediante una descripción analítica (escaleras, elementos fijos, parapetos y balaustradas).*

9.3

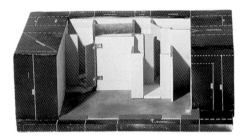

9.4

9.5

9.1 Escaleras

OBJETIVO realizar las escaleras (interiores o exteriores) de un edificio en función de las diversas geometrías y materiales posibles, detallando incluso las diferentes tipologías constructivas (escaleras apoyadas, escaleras en voladizo).

BASE planta de la escalera (en los diferentes niveles, en el caso de que varíe), secciones.

MATERIALES cartón rígido, plástico rígido (poliestireno), láminas o chapas de madera, láminas metálicas.

METODOLOGÍA primero se construirán los escalones y, en el caso de escaleras libres (no apoyadas entre dos muros) los elementos de sustentación laterales que cierran la escalera. Seguidamente se aplicarán las barandillas o los parapetos.

ACABADOS los revestimientos, materiales o de color, se aplicarán generalmente antes del montaje de los escalones. Si la escalera ha de tener una coloración uniforme es posible pintar con spray después del montaje y antes de su colocación.

Escaleras apoyadas entre dos muros
Se elige un material en láminas, del espesor de la contrahuella (dimensión vertical del escalón). Los peldaños se cortarán con el ancho de la rampa y una longitud aproximada de dos huellas (dimensión horizontal del escalón). Se marcará sobre la huella la medida efectiva, que en este caso será la mitad de la medida total, y después se encolarán los peldaños uno sobre otro, solapándolos a la mitad (fig. 9.6 a, b).

En el caso en el que la escalera se realice en cartón pluma u otro material estratificado, será necesario revestir los peldaños, si es posible antes del montaje (fig. 9.7).

Si se quiere realizar un peldaño de huella sobresaliente respecto a la inferior, se inserta una lámina que separe las dos huellas, volando ligeramente respecto a la línea de contrahuella.

Este procedimiento aligera el efecto de la escalera y, por ello, puede adoptarse independientemente de la solución técnica de la escalera a representar (que durante la construcción de la maqueta puede no haber sido aún estudiada), si las exigencias expresivas de la maqueta lo requieren (fig. 9.8).

Escaleras de planta circular

Para escaleras de planta circular o elíptica se procede de modo análogo a cuanto se ha descrito en el apartado precedente (fig. 9.9).

Escaleras con peldaños en voladizo

Este tipo de escalera está formado por escalones en ménsula, empotrados en un muro de apoyo. Se realizan primero los escalones individualmente y en el material deseado (plástico pintado, madera, metal) y seguidamente se encolan con cola rápida (colas cianhídricas) al muro de apoyo (fig. 9.10).

Con el objeto de proporcionar más estabilidad al conjunto, se pueden realizar unas incisiones en el muro, en las cuales se empotrarán los escalones a encolar (en tal caso se pueden utilizar colas de endurecimiento más lento, tipo Imedio). En ambos casos es determinante que durante el endurecimiento de la cola los escalones se sostengan con elementos que los mantengan en su posición, ya que el peso propio de los mismos podría inclinarlos, comprometiendo el resultado (fig. 9.11). Dichos elementos se retirarán después del endurecimiento.

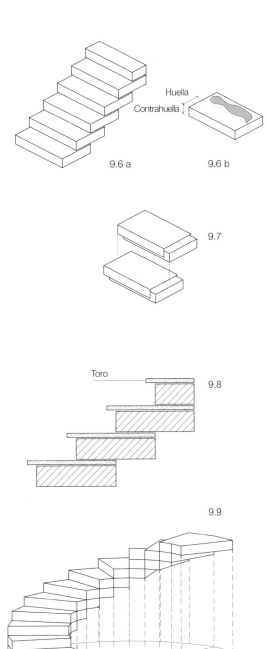

9.6 a

9.6 b

Huella

Contrahuella

9.7

Toro

9.8

9.9

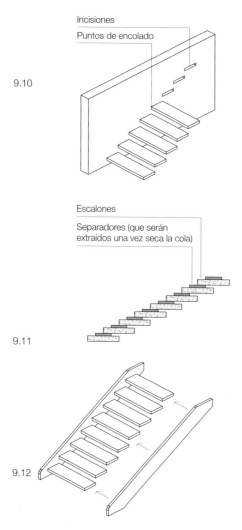

9.10

Incisiones
Puntos de encolado

9.11

Escalones
Separadores (que serán
extraídos una vez seca la cola)

9.12

9.13

La realización de una escalera con peldaños abiertos (sólo huellas) se puede asimilar al caso precedente (peldaños en voladizo). Se encolarán los escalones a uno de los perfiles laterales de la estructura de la escalera, insertando separadores, tal como hemos descrito, y posteriormente se encolarán los peldaños al otro perfil lateral. La presencia de los separadores permite ejercer la presión necesaria para la fijación, evitando que los peldaños se tuerzan o adopten una posición errónea (figs. 9.12 y 9.13).

Parapetos y barandillas

Existen numerosos tipos de parapetos y barandillas. Se presenta aquí, a título de ejemplo, el esquema de construcción de un tipo frecuente, constituido por montantes, pasamanos y barras horizontales o verticales de división. En las escalas de representación en las que normalmente se realizan los parapetos (1:100, 1:50, 1:20), se utilizarán tablillas de madera o plástico y, en el caso de partes llenas, láminas de madera, plástico (transparente u opaco) y metal (fig. 9.14).

9.14

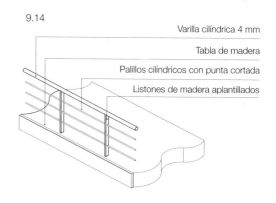

Varilla cilíndrica 4 mm
Tabla de madera
Palillos cilíndricos con punta cortada
Listones de madera aplantillados

9.2 Mobiliario fijo de interior

OBJETIVO realizar elementos de decoración interior de los ambientes, como muebles o bancos empotrados, paredes decoradas o carpinterías interiores.

BASE plantas, secciones y alzados de los ambientes interiores a escala adecuada (1:50, 1:20). Para maquetas a escala 1:10 pueden ser necesarios algunos detalles constructivos simplificados. Fotografías o descripciones para material y colores.

MATERIALES cartón rígido, plástico rígido (poliestireno), láminas o chapas de madera, láminas metálicas.

METODOLOGÍA los elementos de decoración interior se realizarán separadamente, sea en la parte constructiva o en la de acabado, para después montarlos en el interior del ambiente, que ya contará con los acabados necesarios (pavimentos, pintado de paredes).

ACABADOS los acabados de color se realizarán, como ya hemos dicho, antes del montaje si son muy diferenciados o realizados con técnicas que requieran una elaboración aparte (pintura plástica, frotado con óxidos o pigmentos). Por el contrario, en el caso en el que la coloración sea uniforme, o al menos en casos suficientemente simples, es posible pintar con témpera spray después del montaje, haciendo reservas con papel y tiras adhesivas de las partes que no deban ser tratadas.

Mobiliario fijo y bancos

En la descripción de un interior a escala detallada (de 1:50 a 1:5) la presencia de deco-

raciones fijas y elementos estructurales es determinante para restituir el ambiente que se pretende representar.

Las decoraciones interiores contribuyen a la definición de las características espaciales y de detalle de un ambiente, y se prestan a una síntesis que puede adaptarse para realizar la maqueta. Por el contrario, los muebles (mesas, sillas, etc.) son más difíciles de representar pues fácilmente asumen el aspecto de "casa de muñecas" que puede convertir la representación en una parodia. No es objeto del presente estudio la descripción de las modalidades constructivas de maquetas a escala de mobiliario, ya que las únicas representaciones eficaces pertenecen al campo de las maquetas de diseño y prototipo, que quedan fuera del campo del manual.

En la construcción de una maqueta de interiores a escala detallada será determinante el uso de materiales que describan eficazmente (generalmente de modo analógico) las características de los diseños.

Así, para representar un mueble de madera se utilizarán láminas de madera de 1 o 2 mm de espesor o chapados que reproduzcan el color de la madera que se usará (por ejemplo haya y abedul para la madera clara, nogal para la madera oscura).

La coloración de las paredes y otros elementos del diseño podrá realizarse directamente con colores y acabados análogos a la realidad (hidropintura) o, en el caso de acabados especiales, como mármoles y pinturas estucadas al fuego, podemos conseguir buenos efectos frotando colores en polvo directamente sobre la superficie a tratar o sobre un estrato de color en pintura plástica o spray. Se podrán utilizar tratamientos análogos sobre superficies de madera en las que se quiera describir un acabado particular.

Es útil advertir que dada la escala (1:20, 1:5) extremamente detallada que se adopta generalmente en las maquetas de interiores, el estudio cromático y de acabados que se emplea en la construcción de la maqueta asume un valor directamente proyectual para alcanzar soluciones reales desde un punto de vista tanto estético como técnico.

A título de ejemplo, presentamos dos maquetas, una de un interior (fig. 9.15) y otra del interior de una iglesia (fig. 9.16) en los cuales la búsqueda de colores y acabados ha sido directamente realizada desde la maqueta. Los materiales naturales y los tratamientos aplicados reproducen procesos que pueden, desde la escala artesanal de la decoración, ser reproducidos directamente en la realidad.

9.15

9.16

La descripción de las operaciones necesarias para representar un pavimento o una superficie de agua no precisa muchas explicaciones técnicas, ya que en la mayoría de los casos se trata simplemente de aplicar sobre una superficie un revestimiento o un material diferente del resto. De todos modos, es necesario elegir con precisión las decisiones de orden estilístico, el grado de abstracción de la representación.

Maquetas de trabajo: en maquetas esquemáticas se pueden representar los pavimentos empleando materiales de colores diversos. En este caso la información que se transmite atañe solamente a la diferencia entre dos partes (por ejemplo una parte existente y una de proyecto). La maqueta no contiene otras informaciones. Los colores que caracterizan a las partes no tienen por qué ser realistas.

Maquetas de presentación: para profundizar analíticamente la representación es necesario analizar algunas características que tienen que ver con la naturaleza de la materia.

Un material puede ser, por ejemplo:

    duro - blando

    continuo - discontinuo

    geométrico - casual

    natural - artificial

    opaco - reverberante.

Es evidente, frente a esta lista parcial, que el esfuerzo analítico debe estar dirigido a definir las características principales del material o, en el caso de maquetas particularmente detalladas, la jerarquía de las diversas características.

De hecho, dado que la realización de una maqueta supone representar la realidad a una escala reducida, plantea el problema de qué se debe describir y qué no; ello requiere además una comprensión profunda de cuáles son las características fundamentales de las que no se puede prescindir para la descripción de un proyecto o de una de sus partes.

Las estrategias mediante las cuales se puede afrontar la representación son esencialmente reducibles a tres:

Analógica-descriptiva. Se pretende representar a escala la realidad. Los materiales, los colores, los acabados y el efecto global serán lo más realistas posibles y cada elemento será descrito de modo analítico (fig. 10.1).

Sintética-material. Las diferentes partes del proyecto se representan con el mismo material y un solo color, pero con texturas diferentes. En el caso de un pavimento exterior, por ejemplo, la base será la misma para toda el área tratada, pero la textura será geométrica para las baldosas y casual para los parterres de tierra (fig.10.2).

Abstracta. En este caso, el carácter de la representación es básicamente

10.1

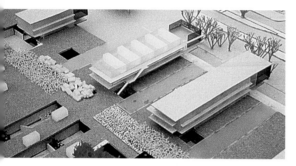

10.2

icónico–simbólico. Se prefiere la representación de la idea de proyecto frente a la descripción del objeto real. Se pueden usar las mismas técnicas descritas para maquetas analógicas o sintéticas, teniendo en cuenta el hecho de que las indicaciones "generales" de correspondencia entre técnica y resultado no tienen valor en este caso.

Finalmente, subrayamos que la clasificación propuesta tiene que ver con el contenido principal de cada representación. Es decir, una maqueta contendrá siempre algunas características sintéticas y algunas características analógicas, pero el predominio de unas o de otras determinará las diferencias de resultado expresivo (fig.10.3 maqueta de un jardín con sal y Vinavil).

10.3

10.1 Pavimentos exteriores

OBJETIVO realizar pavimentos de exteriores y urbanos, expresar diferentes materiales de acabado (asfalto, pavimento, tierra, vegetación).

BASE plano a una escala suficiente para poder ver las indicaciones de pavimentos, relieve y materiales existentes, fotografías del lugar.

MATERIALES papel, cartulinas, plásticos (poliestireno).

METODOLOGÍA preparar los estratos de los diferentes revestimientos, para los pavimentos, grabar el dibujo con un grado de aproximación adecuado a la escala de representación, pintar los pavimentos en el caso en que la técnica adoptada no permita la pintura después del montaje, encolar los estratos. Cuando las fases de montaje lo hagan posible, es preferible montar los pavimentos y los revestimientos en las fases finales de la construcción de la maqueta.

ACABADOS pintura o barniz en el caso de que la técnica adoptada lo prevea después del montaje.

Para representar los distintos tipos de pavimentos, sea para exteriores o para interiores, el soporte deberá ser tratado de modo que represente adecuadamente los aspectos materiales de la superficie (liso-rugoso, continuo-discontinuo, transparente-opaco, natural-artificial), las posibles geometrías (forma y formato de las baldosas, fugas, dirección de colocación) y el color.

En los diferentes grados de descripción de la maqueta, las tres características principales, superficie-geometría-color, pueden re-

10.4

10.5

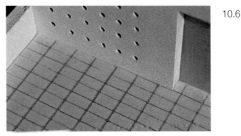
10.6

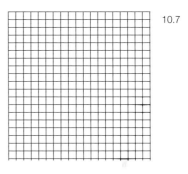
10.7

presentarse completamente o, si la maqueta es abstracta o conceptual, con un cierto grado de abstracción. Así en una maqueta pueden ser sólo evidentes las características de superficie o de color o de dibujo (fig. 10.4).

Desde un punto de vista operativo es útil destacar que las indicaciones sobre los distintos tipos de pavimentos tienen un valor general, es decir atañen las soluciones habitualmente adoptadas (por tamaño, superficie y color) en la representación de un determinado acabado. Si normalmente un pavimento de baldosas tiene un dibujo más espeso que uno de losas de mármol, la comprensión de la diferencia y de la naturaleza de los dos acabados será más inmediata utilizando una representación a escala que reproduzca las características dimensionales habituales.

Obviamente, estas indicaciones pueden no ser válidas cuando el proyecto contenga especificaciones diferentes, es decir, cuando lo que se quiera representar no sea una superficie genérica de losas, sino un pavimento específico, las características del cual pueden ser incluso muy diferentes de las habituales.

Baldosas

En la realidad se suelen colocar las baldosas según una retícula regular, como si se tratase de un tablero de ajedrez. Por ello es aconsejable, excepto en casos particulares, adoptar este tipo de disposición en la maqueta. Además, es aconsejable adoptar una medida de retícula inferior a la que se utilizaría en el caso de estar representando pavimentos de piedra (figs. 10.5 y 10.6).

Se procede grabando la retícula de las baldosas (véase el capítulo "Revestimientos") sobre la superficie del pavimento. Para que las direcciones marcadas sean más visibles puede tratarse la superficie con color en polvo (pasteles, óxidos, pigmentos) y extendido con algodón. De este modo se resaltan las juntas de las baldosas, en las cuales se deposita mayor cantidad de color. Se puede conseguir un efecto de superficie brillante rociándola con un producto fijador acrílico en spray o barniz transparente (fig.10.7).

Mármol - piedra regular

Las losas suelen ser de mayor tamaño que las baldosas y de forma rectangular. Pueden colocarse reticularmente con la junta continua (fig. 10.8) o con la junta discontinua (fig. 10.9). El color se obtiene mediante el uso de cartulinas de colores o de modo análogo a lo que se ha propuesto para las baldosas.

También se pueden utilizar láminas adhesivas, de uso común en el mercado (por ejemplo mármol falso). En este caso es necesario cortar las losas una por una y recomponerlas luego, de manera casual, según el dibujo del pavimento. Con esta operación es posible restituir el efecto de escala que, de otro modo, aplicando la superficie de modo continuo, se perdería (fig. 10.10).

Piedra

En el caso de pavimentos para exteriores con losas irregulares se puede grabar la superficie, o también se pueden cortar las losas y recomponerlas luego según el dibujo. También en este caso es necesario prestar especial atención a la dimensión de las losas, determinante para la comprensión de la escala de representación (fig. 10.11).

Rasilla

El procedimiento es el mismo que el descrito para las baldosas, con la advertencia de que debe prestar atención a algunas características peculiares de los pavimentos con rasilla:

– frecuentemente, la colocación del pavimento esta girada 45 grados respecto a la ortogonalidad de los muros del ambiente que se está representando.
– el acabado, dadas las características materiales de la rasilla, será más basto (u opaco) que el de las baldosas (fig. 10.12).

Cemento

Los pavimentos de cemento se pueden realizar de modo continuo (sólo interrumpido por ciertas juntas de dilatación) o con adoquines *in situ*. En ambos casos se privilegiará el aspecto homogéneo de la superficie, poniendo de manifiesto el aspecto irregular del color mediante el frotado con pasteles, sanguinas u óxidos.

Parqué

Los pavimentos de madera se representarán con el grabado de las juntas de las tablas según las tipologías más comunes de colocación:

– parqué "corrido" realizado con tablas paralelas a los muros perimetrales;
– parqué diagonal realizado con listones;
– parqué ortogonal o diagonal con marco.

La restitución del color y del material del parqué puede obtenerse fácilmente grabando las líneas paralelas del pavimento (antes del montaje) y dándoles un poco de color con pastel en polvo aplicado con algodón. El color será el de la madera que se quiera representar (fig. 10.13).

En el caso de que se quiera representar un pavimento con marco, es aconsejable construir separadamente la parte interna, el marco y la franja externa montándolos en este orden (figs. 10.14 y 10.15).

Es útil remarcar que la representación geométrica de los pavimentos (retículas para las

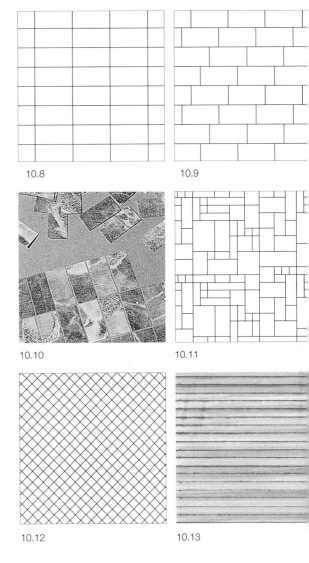

10.8

10.9

10.10

10.11

10.12

10.13

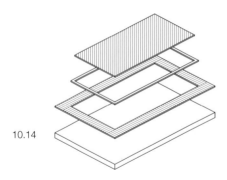

10.14

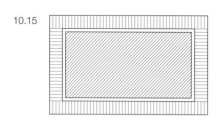

10.15

baldosas, líneas paralelas para el parqué) es oportuna en maquetas a escala suficientemente reducida (1:100, 1:50, 1:20). Para escalas mayores, cuando sea necesario representar pavimentos, se privilegiarán los aspectos materiales y cromáticos de la superficie.

Arena - tierra - grava

En este caso, la característica importante a representar es el aspecto material de la superficie, dado que los materiales no tienen dibujo. Además del color, que varía para los diferentes materiales, la diferencia entre tierra, grava y arena viene determinada por la granulometría (rugosidad) de la superficie. Si sobre una maqueta deben ser representados a la vez diferentes materiales de terreno, es importante que se respeten las características de cada uno. Así, al colocar juntas una superficie de arena y una de grava, por ejemplo, debe percibirse la segunda más rugosa que la primera.

Algunas posibilidades de representación son las siguientes:

– Material: papel de lija, cartulinas bastas, porexpán coloreado con pigmentos.
– Color: color en polvo o color líquido con pulverizador (por ejemplo, color pulverizado con cepillo de dientes).
– Analógica: la superficie rugosa se obtiene encolando y fijando arena o gravilla fina (según la escala de representación).
– Abstracta: con mallas o adhesivos que representen de modo abstracto el material pero que respeten las características intrínsecas de cada superficie (por ejemplo una malla más fina para la arena y una más ancha para la grava).

Materiales sintéticos uniformes

A esta categoría pertenecen las gomas, los linóleos y las resinas.

Se pueden usar cartulinas de colores o acabadas según los métodos de coloración descritos anteriormente, o incluso láminas de materiales plásticos, naturales o tratados oportunamente.

– Es necesario respetar en la maqueta la continuidad de superficie de los pavimentos, ya que incluso cuando el color del material sea abigarrado (resinas, linóleums), la superficie se presenta sin juntas.
– Las características de luminosidad del material tienen una especial importancia en la representación de materiales sintéticos. Así, la transparencia, la opacidad o la capacidad de reflexión de la luz deberán ser interpretadas correctamente.

Para aumentar el brillo de un material se pueden utilizar barnices en spray transparentes o fijadores acrílicos; para reducir su brillo, en el caso de materiales plásticos, se pueden limar con papel de lija fino.

10.2 Agua

OBJETIVO representar superficies de agua artificiales y naturales en la maqueta.

BASE planos territoriales (de 1:500 a 1:5.000), plantas y secciones a escala menor para embalses artificiales y piscinas.

MATERIALES cartulinas de colores, cartón rugoso, plásticos, plexiglás, colores.

METODOLOGÍA en el caso de embalses de agua natural, el nivel de representación se encuentra normalmente por debajo del estrato inferior de la maqueta. Por lo tanto es conveniente construir y montar el estrato de agua en la fase inicial de realización, de este modo, las posibles imperfecciones que se presentarían dada la geometría irregular del terreno natural, quedarán cubiertas por el primer estrato de terreno. Según los distintos grados de abstracción de la representación adoptada, el agua puede representarse mediante un cambio de tonalidad de color o de material (cartulina) o, de modo más realista, por un estrato de plexiglás, transparente u opaco, superpuesto a un estrato de color.

ACABADOS en el caso de que las fases de montaje o la técnica adoptada lo requieran, será necesario hacer reservas en los bordes antes de proceder a la coloración del estrato de agua.

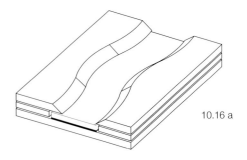

10.16 a

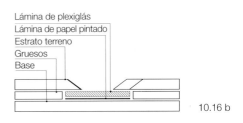

Lámina de plexiglás
Lámina de papel pintado
Estrato terreno
Gruesos
Base

10.16 b

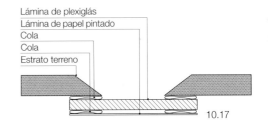

Lámina de plexiglás
Lámina de papel pintado
Cola
Cola
Estrato terreno

10.17

10.18

10.19

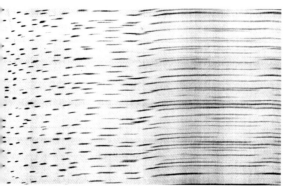

10.20

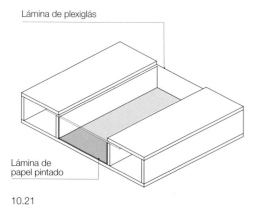

Lámina de plexiglás

Lámina de
papel pintado

10.21

Los métodos para representar el agua son extremadamente simples desde un punto de vista técnico, pero muy diversos según las decisiones expresivas generales adoptadas en la maqueta.

A decisiones de tipo descriptivo, material o abstracto corresponderán acabados diferentes. Los diversos materiales pueden, de todos modos, ser utilizados para obtener diferentes resultados expresivos. Por eso, en el presente apartado, dedicado a la representación del agua, se presentan los diferentes materiales, señalando qué tratamientos corresponden a las distintas finalidades expresivas.

Plexiglás

El parecido material entre el agua y el plexiglás (transparencia, no color) convierte a este último en adecuado para representar cursos de agua, ríos, estanques de agua interiores o de mar y fuentes.

El método más directo consiste en insertar un estrato de plexiglás no tratado en el nivel correspondiente al agua (fig. 10.16 a, b). El plexiglás también se puede tornar opaco, si se desea un efecto menos reflectante, pasándole sobre una o ambas caras una lámina de papel de lija de grano medio, hasta obtener un efecto traslúcido. El papel de lija se pasará con un movimiento circular hasta conseguir un efecto uniforme.

Debajo del plexiglás es posible colocar fondos diversos. El fondo puede simplemente ser la base de la maqueta. En ese caso, es preferible elegir un acabado opaco del plexiglás, sobre todo si la base es de un material basto o de cualquier otro material no adecuado al efecto "agua". El pegado de los dos estratos (plexiglás y lámina coloreada), debe realizarse en la parte no vista (fig. 10.17) o utilizando colas específicas para plexiglás. De otro modo, la transparencia del material dejaría visibles los puntos de pegado. Este problema no se presenta (o de todos modos es tolerable) en el caso del plexiglás opaco.

El fondo puede ser una cartulina de color (verde, azul-celeste) u otro material en láminas del color adecuado. También se puede pintar la base directamente con témperas en spray, pasteles, etc. Para obtener un acabado brillante, especialmente eficaz para dar la apariencia real del agua, se puede usar un estrato de plexiglás rociado con barniz transparente en spray, superpuesto a una cartulina celeste (fig. 10.18).

Cartulina o color

El material en láminas coloreadas (cartulinas, plásticos) puede representar directamente el agua. En ese caso, el estrato coloreado se pegará directamente sobre la base de la maqueta (o sobre el nivel en el que se encuentra el agua) (fig. 10.19).

Si se quiere representar el agua con una coloración determinada, se pueden pasar directamente sobre la base, la cartulina de color neutro o el material poroso (láminas de porexpán, es decir poliestireno expandido), óxidos, pigmentos o pasteles para frotar. De este modo, el color resulta menos uniforme y menos nítido que el de cartulinas de color, que es adecuado en el caso de maquetas con tonos delicados.

Texturas

En maquetas abstractas o con tendencias bidimensionales (bajorrelieves) se puede representar el agua mediante tramas que describan sus características de movimiento o reflejo.

Es preferible no elegir tramas de las que se encuentran en el mercado o de las normalizadas en las librerías de los programas de dibujo por ordenador, sino que deben ser hechas preferentemente con el auxilio de una fotocopiadora. Las posibilidades son infinitas y, obviamente, dependen del carácter de la maqueta. Como ejemplo se pueden citar imágenes analógicas (fotos de agua con reflejos, o efectos de deformación obtenidos moviendo un poco el original del plano de copia durante la copia (fig. 10.20).

Profundidad

En el caso en que la escala o el tipo de maqueta (por ejemplo maquetas en sección) lo requieran, puede ser necesario representar no sólo el efecto de superficie y de color del agua sino también la profundidad del embalse. En ese caso se puede proceder con los mismos materiales descritos anteriormente, simplemente realizando el embalse como caja con la superficie de plexiglás, barnizado u opaco, y coloreando el interior (fig. 10.21).

Otros efectos

En el caso de maquetas no convencionales, el agua puede ser representada con materiales también no convencionales, como colas, geles, gomas, metales o, al límite, el agua misma (fig. 10.22).

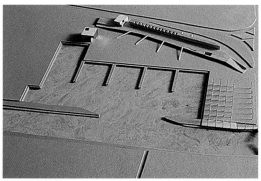

11.1

11.2

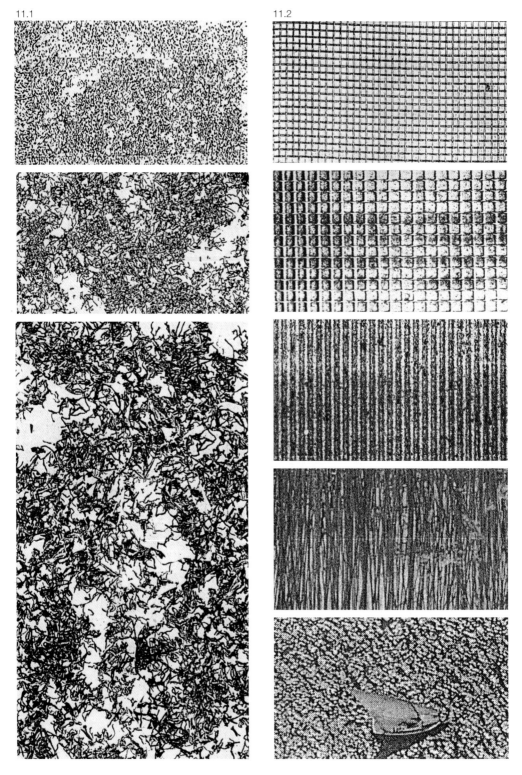

Las características y los elementos que caracterizan los exteriores y el espacio abierto de un proyecto se determinan por la lectura dimensional (la escala) y, en general, por una comprensión completa del contexto que se quiere describir.

Las decisiones de representación de la vegetación y de los árboles en una maqueta dependen, como ya se ha anticipado en el capítulo "Ordenación de exteriores y pavimentos", del grado de descripción o, por el contrario, de abstracción que adoptará. Por otro lado, la ordenación de exteriores y la vegetación, como necesarios complementos a la representación de un contexto, contribuyen a subrayar y precisar el "carácter" y el grado de abstracción de una maqueta. Se aconseja, como regla general, prestar atención a la coherencia de representación entre la vegetación y las partes arquitectónicas de la maqueta, de modo que el grado de síntesis del uno sea comparable a las otras o, en todo caso, que corresponda a la importancia que se desea atribuir a las diferentes partes. Si la vegetación se describe analíticamente, también la arquitectura deberá tener las mismas connotaciones. De otro modo la lectura de la maqueta podría resultar descompensada y la representación confusa.

Generalmente es mejor dar un orden preciso, según las ideas proyectuales, a la vegetación, tanto la preexistente como la de proyecto. Una representación demasiado realista puede resultar confusa o desviar la atención del proyecto propiamente dicho.

La representación de la vegetación y de los árboles, aunque se coloque al final del proceso de ejecución y montaje, debería ser estudiada y definida conjuntamente con las otras características de la maqueta, ya que la construcción de un árbol adecuado a las exigencias expresivas generales no es una operación inmediata.

Desde este punto de vista, sería útil construir un catálogo de tipos de árboles correspondientes a las diferentes necesidades. En el tratamiento de la vegetación se estudiarán todos los elementos vegetales que forman parte del proyecto, desde la escala del paisaje hasta la del jardín doméstico.

Se puede, de entrada, definir tres categorías diversas, cada una de las cuales trata de un elemento de la vegetación diferente:

– Superficies: hierba y prados.
– Elementos lineales: setos y (a gran escala) hileras de árboles.
– Elementos puntuales: árboles.

11.1 Superficies

OBJETIVO realizar superficies verdes según las diferentes escalas y los distintos grados de descripción.

BASE planimetrías a las escalas oportunas.

MATERIALES colores (con spray y con rodillo), cartulinas bastas, cartulinas de colores, láminas de plástico, papel de lija, esponjas, superficies verdes para maquetas ferroviarias (terciopelo y verde en escamas).

METODOLOGÍA Y ACABADOS ya que las superficies verdes se realizan con coloración o revestimientos pegados sobre la base de la maqueta, las metodologías constructivas coinciden con el acabado. Simplemente (con reservas o cortes a medida), se aplicarán sobre la base los materiales. En el caso de material con fibras, éste se aplicará con un estrato de cola vinílica (Vinavil) convenientemente diluida.

El color

La descripción de una superficie vegetal mediante el color puede llevarse a cabo con diferentes metodologías, según las necesidades expresivas y la simplicidad ejecutiva. El color, sea obtenido con la aplicación de láminas coloreadas o mediante barnices, puede ser uniforme o mezclado. En el segundo caso, el carácter mezclado de la superficie coloreada contendrá también indicaciones de textura (véase apartado "Texturas").

El color de las superficies vegetales puede ser analógico (verde, amarillo, marrón) o distinguirse simplemente del resto de la maqueta por tonalidad (normalmente más oscura).

Revestimientos. En ese caso, el color viene determinado por la aplicación de un estrato (generalmente lámina) de cartón o de plástico de color. Como ya se ha anticipado, los colores pueden ser uniformes o mezclados.

Se encuentran en el mercado numerosas cartulinas de colores variados o compuestas de

11.3

papel reciclado que pueden servir perfectamente para representar un manto herbáceo.

Pinturas. Una primera posibilidad para colorear una base es la utilización de pintura plástica extendida con un pequeño rodillo de espuma. El uso de la pintura plástica tiene la ventaja de permitir la elección sobre catálogo de una amplia gama de colores. Además, es posible encargar mezclas personalizadas a partir de pedidos relativamente limitados (1 kg) en la mayor parte de tiendas de pinturas.

Para extender la pintura será necesario hacer reservas en la base, dejando descubiertas sólo las partes que se deseen pintar, o bien pintar toda la base si el estrato verde es el más bajo (es decir si los otros estratos vendrán encolados sobre la base).

Con las mismas advertencias se puede aplicar el color usando témpera en spray. La superficie será homogénea si la pintura se pulveriza desde la distancia indicada en las instrucciones (20 o 30 cm) o resultará más irregular y disgregada, con una cierta indicación de la textura del material, si se pulveriza desde una distancia superior y, en ocasiones, mezclando dos colores (por ejemplo verde y gris o verde y amarillo).

Similar efecto se puede obtener de modo más artesanal, utilizando un cepillo de dientes: se sumerge la parte de las cerdas en el color y se pasa un dedo, desde la punta hacia el mango del cepillo, vaporizando el color hacia el área a pintar. Es necesario hacer reservas en las partes que no deben ser pintadas.

Texturas

Para diversificar superficies de una cierta extensión, en maquetas de carácter abstracto-conceptuales, una técnica de representación eficaz es la aplicación, sobre los planos en los que se quiera especificar el material, de texturas diferentes, es decir de láminas el dibujo que distingan, de modo más o menos abstracto, las características del material a representar.

Para representar las diferentes texturas de los materiales se pueden usar las tramas adhesivas habituales en el mercado, aplicándolas sobre las superficies a tratar. De todos modos, es preferible utilizar tramas de composición propia, realizadas fotocopiando materiales distintos (tejidos, cartones ondulados, arena, tabaco, fotografías, etc.) sobre láminas de papel o de cartón (figs. 11.1 y 11.2). Ello es conveniente por dos motivos.

En primer lugar, la realización de tramas con la fotocopiadora permite la elección de los soportes sobre los cuales vamos a reproducir la trama, mientras que las tramas que se encuentran en el mercado generalmente están estampadas sobre láminas adhesivas brillantes, poco adecuadas tanto por su efecto como por su agarre en la realización de la maqueta.

En segundo lugar, la realización de la propia trama exige una comprensión y una síntesis de las características del material a representar que favorece el éxito y la coherencia del total de la maqueta. Justamente por el contenido sintético de este tipo de representación, es necesario señalar las características de cada material de manera que la comparación restituya la relación efectiva.

Así, una trama más geométrica y regular puede describir eficazmente un pavimento si se la coloca al lado de una trama más irregular que represente el césped.

En el caso de que el soporte de las texturas sea una lámina de plástico, será necesario fotocopiar los materiales sobre un adhesivo transparente, para luego aplicarlo sobre el soporte.

11.4

Materiales

En el mercado del modelismo existen algunos materiales, utilizados generalmente en maquetas ferroviarias, que pueden ser eficazmente empleados en la representación de la maqueta de arquitectura.

La hierba tipo "terciopelo" representa, de modo directo y análogico, la superficie del prado. Se trata de una especie de tejido tipo moqueta de color verde irregular. El uso de ese material se presta mucho a representaciones de carácter realista. El riesgo reside en que el carácter realista de la maqueta asuma connotaciones *kitch*, que resultan negativas cuando no son declaradamente intencionadas (fig. 11.3).

En relación con ese último punto, cabe precisar que materiales declaradamente análogos, muy realistas o incluso "vulgares" se utilizan hoy día en maquetas de proyectos de arquitectura contemporánea, mientras que convencionalmente la tradición "culta" de la arquitectura ha preferido representaciones de tipo

más sobrio, con maquetas de madera natural o, en todo caso, con un uso muy sintético tanto de los materiales como de los colores.

Otros materiales que se pueden utilizar son los que presentan una superficie no lisa ni homogénea, sino granular o porosa (papel de lija) o, incluso, material más fibroso, como los filtros para los aparatos de aire acondicionado (estructura tridimensional filiforme). Tales materiales pueden ser trabajados muy fácilmente con unas tijeras y se adaptan también a superficies irregulares, como terrenos en pendiente o con desniveles (fig. 11.4). Una representación similar, pero más abstracta, se puede obtener usando redes metálicas finas (tipo mosquiteras), superpuestas en varios estratos de modo que acentúen el efecto del claro-oscuro.

11.5

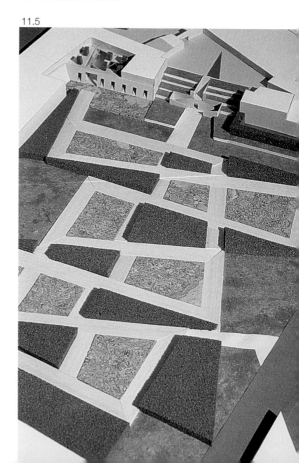

11.2 Elementos lineales (setos e hileras a gran escala)

OBJETIVO realizar elementos vegetales lineales y continuos, como setos e hileras de árboles (en el caso en que estén a gran escala).

MATERIALES esponjas naturales, espumas artificiales, poliuretano, líquenes.

METODOLOGÍA la realización de elementos verdes lineales se obtiene simplemente cortando según medidas y geometrías oportunas los materiales y pegándolos en su sitio.

ACABADOS los elementos pueden ser pintados, antes de ser colocados, con témperas en spray o por inmersión.

Esponjas y espumas

En este apartado y en el siguiente será necesario diferenciar la representación según la escala. Los setos de pequeñas dimensiones pueden ser representados por cuerpos geométricos muy simples, eventualmente recubiertos por cartulinas rugosas, tipo papel hecho a mano, con superficies irregulares y bastas, cuya superficie rugosa consiga transmitir efectos adecuados de claro-oscuro, o con materiales de origen natural (adquiribles en tiendas de modelismo) que, gracias a su forma irregular, son indicados para la representación de tipo analógico-realista. Estos materiales son:

- esponja marina;
- esponja vegetal;
- espuma artificial;
- líquenes;
- fibra para filtros de aparatos de aire acondicionado;
- fibras expandidas.

Son materiales naturales o artificiales, con características de fibra y de color adecuadas para representar a escala los diferentes tipos de vegetación (fig. 11.5).

Las esponjas naturales y la espuma se pueden cortar a medida con unas tijeras robustas o con un cortador. Se pueden utilizar al natural o pintadas con pistola.

Los líquenes que se encuentran en las tiendas de modelismo pueden ser usados al natural o pintados. En el caso en que no sean tratados, y por ello tiendan a deshacerse, será necesaria una preparación para fijarlos. Se sumergen durante un día en una solución de agua y glicerina y se dejan secar sobre una hoja de papel absorbente.

La fibra para filtros de aparatos de aire acondicionado será tratada del mismo modo que las espumas.

Las fibras expandidas pueden ser esponjosas, como el poliuretano expandido (espuma para rellenos), o consistentes, como los materiales en espuma para el aislamiento (polyplán)

11.6

o el porexpán (poliestireno expandido). Se cortan a medida y, si se requiere, se marca la cara vista con incisiones irregulares que sugieran la trama del verde. Dados los colores extremadamente artificiales de estos materiales será necesario pintarlos con témpera en spray, a menos que la maqueta tenga un carácter extremadamente conceptual-abstracto (fig. 11.6).

Metales

Se pueden también utilizar esponjas metálicas, como las comunes "nanas" de cocina o filtros automovilísticos (asimilables en forma y uso a los líquenes) o también, con efecto extremadamente abstracto, redes metálicas (mosquiteras) superpuestas en varios estratos o enrolladas.

Es obvio que el uso de materiales metálicos para la representación de la vegetación tiene sentido y coherencia, en el caso de maquetas declaradamente abstractas o de cualquier modo, lejanas de una representación de tipo analógico-realista.

11.4 Elementos puntuales (árboles)

OBJETIVO realizar elementos puntuales (árboles) según las diferentes escalas.

MATERIALES a escala urbanística: alfileres con cabeza esférica de plástico, bolas de madera y plástico. A escala arquitectónica: bolas de porexpán y madera, esponja, espuma natural o artificial, líquenes.

METODOLOGÍA en el caso de que los árboles sean representados a gran escala (1:1.000, 1:500) como una masa, más o menos continua, se realizarán recortando tiras de las diversas esponjas a medida. En todos los demás casos, los árboles se representarán con una copa (de los diversos materiales descritos) montada sobre un soporte que puede ser, en función de la escala, un alfiler, un palillo o un listoncillo de madera o plástico.

ACABADOS los árboles pueden ir pintados antes de ser colocados, con témperas spray o mediante inmersión.

11.7

Para la representación de árboles a gran escala se pueden utilizar pequeñas bolas de materiales diversos, tomando la medida correspondiente a las dimensiones a escala de los árboles a representar.

Para la fijación a la base de árboles de pequeñas dimensiones será indispensable construir una plantilla que permita mantener en posición ortogonal el listón que representa el tronco (o el árbol entero) durante la colocación. Si los listones se han de clavar, es necesario evitar que, dadas las pequeñas dimensiones, los árboles queden torcidos o irregulares (fig. 11.7).

Escala 1:2.000

Si se pretende representar los árboles individualmente se pueden utilizar alfileres de papelería con la cabeza de plástico. La cabeza está constituida por una bolita de plástico que representa, eficazmente a esta escala, la copa.

Si, por lo contrario, se quieren representar los árboles como línea se pueden utilizar espumas de suficiente densidad (esponja, espumas artificiales) cortadas en tiras y encoladas directamente sobre la base.

Escala 1:1.000, 1:500

Se pueden encontrar comercializadas (en papelerías, tiendas de modelismo y de pinturas) bolitas de papel, madera, plástico y porexpán. Es también posible encontrar diferentes tipos de perlas de plástico u otros materiales en tiendas de bisutería.

Las bolitas representan la copa del árbol y a ésta es necesario añadir el tallo, que se puede realizar insertando un fino listón de madera o metal (pueden ser también palillos de sección redonda).

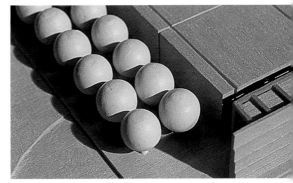

11.8

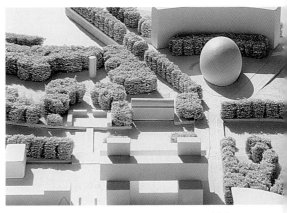

11.9

Los listones o los palillos se cortarán a una medida ligeramente más larga que la del tronco (a escala), de modo que se pueda insertar en los agujeros de la base en la cual se posicionarán los árboles acabados.

La estabilidad queda garantizada por dos puntos de encolado, en la unión entre la bolita y el listón, y entre el listón y la base (fig. 11.8).

A escala 1:500 puede ser necesario representar de una manera naturalista las copas de los árboles. En este caso se usan espumas, esponjas o líquenes cortados y perfilados a la medida y forma necesarias (fig. 11.9).

Otro sistema para representar los árboles de modo más abstracto sería montar sobre un listón unos discos de papel o plástico de

105

diámetro diferente, de manera que aludan a la forma de la copa.

Una solución, válida también para escalas más analíticas (1:200, 1:100), es la utilización de ramas o arbustos (necesariamente bien secos), reagrupados y encolados para representar un aspecto invernal de los árboles (fig. 11.10).

Escala 1:200, 1:100 (e inferiores)

A escalas pequeñas se usan los mismos materiales descritos precedentemente, pero su mayor dimensión requiere de una elaboración más cuidada de los elementos.

Para el tronco utilizaremos listones de metal, plástico o madera que podemos encontrar en tiendas de modelismo. Se cortarán a medida (siempre teniendo presente la parte que quedará embebida en la base) y, cuando sea necesario, se pintarán con spray antes del montaje. Las dos partes del árbol deben pintarse separadamente, incluso aunque el color sea el mismo pues así podremos controlar la uniformidad del color, dado que sobre superficies lisas (troncos) se deposita de modo diferente que sobre las irregulares (copas).

Para la copa se utilizarán esponjas naturales o artificiales y líquenes.

Esponja. Se humedece la esponja, de manera que el corte sea más ágil, se cortan las secciones horizontales de la altura deseada y se perfilan los bordes, siempre con tijeras o cortadores, para obtener una silueta similar a la de los árboles. Se puede eliminar completamente la parte externa de la esponja, que tiene poros más apretados (1:200, 1:100) o bien, para árboles pequeños y a escala 1:200, se puede recortar la corteza externa y utilizar solamente ésta. A escala 1:50 se utilizarán secciones enteras de altura mayor, recortando los bordes de manera que imiten la estructura geométrica de los árboles que se quieren representar (pinos, coníferas, cipreses, etc.) (fig. 11.11).

Espumas y poliuretano. Se cortan los materiales en esferas irregulares de la medida deseada. En el caso del poliuretano, que tiene una estructura más regular que la espuma, se recorta la superficie externa con un cortador. Estos materiales son más indicados para representar árboles de estructura esféri-

11.10

ca, mientras que la esponja, que tiene una estructura de fibras, es más versátil y puede también representar árboles de estructura vertical (cipreses, coníferas).

Líquenes. Se separa con las manos, o se corta con tijeras, la cantidad deseada de material. Para fijar los líquenes sobre el tronco puede ser necesario utilizar, además de la cola (UHU y similares), dos pasadas de hilo de coser de color mimético en el punto de unión entre las dos partes (figs. 11.12 y 11.13).

Todos los materiales presentados pueden utilizarse al natural o pintados, siguiendo las advertencias expuestas al inicio (fig. 11.14).

Metales. Finalmente, cuando se quiera transmitir un efecto particularmente frío y estilizado, se pueden utilizar redes, hilos o láminas metálicas (fig. 11.15). Las redes se modelarán como copas y se fijarán con cola sobre tallos de la medida deseada. Las láminas metálicas, cortadas a tiras, se fijarán al tallo por una punta y después se enrollarán como una espiral. Las láminas, encontrables en las tiendas de pintura, se presentan de color de cobre o de acero.

11.11

11.12   11.13   11.14   11.15

Procedencia
de las ilustraciones

1.1. H. Nijric y H. Nijric. "Il masso mutato verticale". Seminario Internazionale di Progettazione, Merano (BZ), 1996.

1.2. R. Cecchi y V. Lima. Concurso para la reestructuración del Spreebogen, Berlín, 1994.

1.3. A. Palladio. La Rotonda. Maqueta de Giovanni Sacchi, Milán, 1975 (foto archivo Sacchi).

1.4. Politécnico de Milán (Laboratorio di Progettazione 1, prof. R. Cecchi, tutor L. Consalez AA. 1996-1997). Estudiantes: G. Banzola, A. Capasso y A. Degiovanni.

1.5 a, b. Domus Academy: "Incubators" (curso de posgrado, prof. A. Branzi), 1996. Estudiante: A. Petrara (foto Baldassarri).

1.6. C. Zucchi, P. Citterio y M. Di Nunzio. "Il centro altrove. Periferie e nuove centralità delle aree metropolitane". Trienal de Milán 1995. Maqueta realizada por Tipografia Ambrosiana e Bagatti Bronzisti.

1.7. L. Consalez, U. Pozzi y C. Wolter. Concurso internacional "Cento chiese per Roma 2.000", 1994.

1.8. Studio Ga. Pabellón para la firma Ariston, feria Confortec de París, 1994 (foto Strina).

1.9. R. Piano. Estadio de Bari. Maqueta de Giovanni Sacchi, Milán, 1987 (foto archivo Sacchi).

2.1. P. Nicolin (con S. Calatrava). Proyecto para el estadio de Reggio Calabria. Maqueta de Giovanni Sacchi, Milán, 1991 (foto archivo Sacchi).

2.2. A. Rossi y I. Gardella. Teatro Carlo Felice en Génova. Maqueta de Giovanni Sacchi, Milán, 1987 (foto archivo Sacchi).

2.3. Sottsass Associati (E. Sottsass, M. Thun, A. Cibic, M. Zanini, B. Caturegli, G. Formica). Concurso "The peak", Hong Kong, 1983 (foto estudio Azzurro).

2.4. G. Valle, M. Broggi y M. Burckhardt. Proyecto para un establecimiento Brion Vega en Agrate. Maqueta de Giovanni Sacchi, Milán, 1978.

2.5. R. Cecchi y V. Lima. Politécnico de Milán. "Proyecto para Milán: área de la cárcel de S. Vittore", 1991.

2.6. R. Cecchi y V. Lima. Piscina pública en Pioltello (MI), 1997.

2.7. Studio Alter. Proyecto para el hospital de Varese, 1996.

2.8. C. Zucchi y F. Tranfa. Seminario de Proyectos. "Prueba General de proyecto para el nuevo milenio", Pisa, 1995.

2.9. R. Koolhaas. Proyecto para la remodelación del puerto de Génova, 1997 (foto Canola).

2.10. H. Nijric y H. Nijric. Concurso Europan 3 en Den Bosch, 1993.

2.11. S. Boeri, C. Zucchi, A. Acerbi, J. Palmesino y R. Contrino. Ordenación de la Piazza Cadorna con motivo de la XIX Trienal de Milán, 1996. Maqueta en lámina de magnesio fotograbada, hierro oxidado, aluminio, plexiglás. Realizada por Tipografia Ambrosiana y Bagatti Bronzisti.

2.12. Maqueta histórica de la ciudad de Praga (1826-1834). Museo Municipal de la Ciudad de Praga.

2.13. Domus Academy: "Incubators" (curso de posgrado, prof. A. Branzi), 1996. Estudiante: S. Kanbayashi (foto Baldassam).

2.14. Domus Academy: "Incubators" (curso de posgrado, prof. A. Branzi), 1996. Estudiante: J. K. Lee (foto Baldassarri).

2.15. I. Migliore y M. Servetto. Polideportivo en Bari, 1996 (foto Scaccini).

2.16. Quattro Associati. Maqueta en metal para las oficinas de Snam en S. Donato Milanese (MI), 1996.

3.4. L. Consalez, U. Pozzi y P. Valentich. Ampliación de una casa para vacaciones en Pag, Croacia, 1995.

4.1. L. Consalez, U. Pozzi y A. Monaco. Proyecto de remodelación de un invernadero en Varese, 1997. Cartón pluma y cartón ondulado. Escala 1:50.

4.4. L. Consalez y U. Pozzi. Concurso nacional para la proyectación de un conjunto escolar en Piedicastello (TN). 1993. Cartón pluma y cartulinas. Escala 1:1.000.

4.9. I. Rubiño. Maqueta del barrio Aslago en Bolzano. Seminario Internacional di Progettazione, Merano (BZ), 1996. Maqueta en cartulinas diversas. Escala 1:5.000.

4.10. C. Zucchi, P. Nicolini y F. Tranfa. Concurso internacional para el área de Borghetto Flaminio, (Roma). 1995. Maqueta en cartulina vegetal gris, cartulina Bristol y plexiglás. Escala 1:1.000.

4.11. K. Zillich y L. Consalez. Proyecto para Fortezza. Seminario Internacional di Progettazione, Bressanone (BZ), 1995. Maqueta en cartulinas diversas. Escala 1:5.000.

4.12. G. Valle y P. Zucchi. Proyecto para Bolzano. Seminario Internacional di Progettazione, Bressanone (BZ), 1995. Maqueta en cartulina. Escala 1:2.000.

4.13. P. Salvadeo. Proyecto para Bolzano. Seminario Internazionale di Progettazione, Merano (BZ), 1996. Maqueta en cartulina. Escala 1:1.000 (foto Baroni).

4.14. C. Zucchi y S. Boeri. Ordenación de la Piazza Cadorna con motivo de la XIX Trienal de Milán, 1996. Maqueta en plástico. Escala 1:200.

5.1. H. Nijric y H. Nijric. Seminario Internazionale di Progettazione, Merano (BZ), 1996. Maqueta en porexpán. Escala 1:200.

5.5. G. Valle, M. Broggi y M. Burckhardt. Edificio 606 en Berlín, 1983. Maqueta en cartulina. Escala 1:100 (foto archivo IBA).

5.8. Studio Gardella. Concurso para el teatro La Fenice. 1997. Maqueta en madera (taller de L. Serafin). Escala 1:50. Foto Giorcelli.

5.13. I. Migliore y M. Servetto. Villa en Besana Brianza (MI), 1992. Maqueta en cartulina y cartón. Escala 1:100.

5.14. L. Consalez, U. Pozzi y P. Valentich. Ampliación de una casa para vacaciones en Pag, Croacia, 1995. Maqueta en cartulina y plástico acabada con témpera en spray. Escala 1:50.

5.21. Maqueta de iglesia en Como. Maqueta en madera de G. Sacchi. Escala 1:100.

5.22. Quattro Associati. Edificio residencial en Viadana (MN), 1992. Maqueta en madera y cartulina. Escala 1:20.

5.23. ISAD (Istituto Superiore di Architettura e Design). Estudio reinterpretativo de la Galería Goetz de Herzog y De Meuron. (Curso de representación, prof. L, Consalez). 1995-1996. Estudiante: A. Jinguji. Maqueta en cartulina y plástico. Escala 1:100.

5.30. C. Zucchi y P. Nicolini. Concurso Europan 3 en Torino, Piazza Sofia, 1993. Maqueta en madera, cobre oxidado, láminas de zinc fotograbado y plexiglás. Escala 1:200

5.31. Maqueta de edificio residencial para una inmobiliaria, 1996. Maqueta en cartón pluma y poliestireno barnizado con pintura al agua. Escala 1:50.

5.36. G. Valle, M. Broggi y M. Burckhardt. Concurso para el Rosmarincarré en Berlín, 1993. Maqueta en plástico (poliestireno). Escala 1:200 (foto Strina).

5.37. M. Sestito. Seminario Internazionale di Progettazione, Merano (BZ), 1996. Maqueta en cartulina. Escala 1:200.

6.6. Maqueta de edificio residencial para una inmobiliaria, 1996. Maqueta en cartón pluma y poliestireno barnizado con pintura al agua. Escala 1:50.

6.11. M. Broggi y M. Burckhardt. Asilo en Milán, 1988. Maqueta en cartulina. Escala 1:100 (foto Ballo).

6.12. Maqueta de trabajo de una claraboya. 1989. Maqueta en cartón pluma y cartulina. Escala 1:50.

6.18. R. Cecchi y V. Lima. Piscina pública en Pioltello (MI), 1997. Cubierta de chapa metálica. Escala 1:500.

6.20. G. Valle, M. Broggi y M. Burckhardt. Concurso para Rosmarincarré en Berlín, 1993. Maqueta en plástico (poliestireno). Escala 1:200 (foto Strina).

6.24. L. Consalez, U. Pozzi y P. Valentich. Ampliación de una casa de vacaciones en Pag, Croacia, 1995. Cubierta en metal y plástico con acabado en témpera en spray. Escala 1:50.

7.1. G. Valle, M. Broggi y M. Burckhardt. Concurso para Rosmarincarré en Berlín, 1993. Maqueta en plástico (poliestireno). Escala 1:200 (foto Strina).

7.3. L. Consalez, U. Pozzi y P. Valentich. Ampliación de una casa de vacaciones en Pag, Croacia, 1995. Cubierta en metal y plástico con acabado en témpera en spray. Escala 1:50.

7.8. L. Consalez y U. Pozzi. Escaparate para una joyería, 1997. Maqueta en cartón pluma, plexiglás y cartulina. Escala 1:20.

7.9. Vidriera interior de una vivienda, 1993. Escala 1:10.

7.11. L. Consalez, U. Pozzi y A. Monaco. Proyecto de remodelación de un invernadero en Varese, 1997. Cartón pluma y cartón ondulado. Escala 1:50.

8.1. G. Valle, M. Broggi y M. Burckhardt. Concurso per Rosmarincarré en Berlín, 1993. Maqueta en plástico (poliestireno). Escala 1:200 (foto Strina).

8.4. Domus Academy. "Incubators" (curso de posgrado, prof. A. Branzi), 1996. Estudiante: A. Petrara. Maqueta en plástico y papel. Escala 1:100 (foto Baldessarri).

8.6. L. Consalez y U. Pozzi. Casa en Venticano (BN), 1995. Maqueta en cartón pluma, madera y cartulina. Escala 1:100.

8.9 a y b. ISAD (Istituto Superiore di Architettura e Design). Revestimiento en piedra realizado con materiales acrílicos (a) y papel de lija (b). (Curso de Representación, prof. L. Consalez). 1997-1998. Estudiante: Lee Hye Jin. Escala 1:100.

8.10. ISAD (Istituto Superiore di Architettura e Design). Trabajo reinterpretativo de la Galería Goetz de Herzog y de Meuron. (Curso de Representación, prof. L. Consalez). 1995-1996, Estudiante: A. Jinguji. Maqueta en cartulina y plástico. Escala 1:100.

8.15. L. Consalez, U. Pozzi y P. Valentich. Ampliación de una casa de vacaciones en Pag, Croacia, 1995. Cubierta en metal y plástico acabada con témpera en spray. Escala 1:50.

9.1 y 9.2. Quattro Associati. Concurso nacional para la proyectación de un conjunto escolar en Piedicastello (TN), 1993. Maqueta en madera. Escala 1:50.

9.3. Politécnico de Milán. Casa en Osmate de U. Riva. (Curso de Mobiliario, prof. G. Ottolini. AA. 1990-1991). Estudiantes: C. Noorda y R. Baroni. Maqueta en cartulina, madera y plexiglás. Escala 1:50.

9.4. I. Migliore y M. Servetto. Miniapartamento en Milán, 1993. Maqueta en madera, resinas, cartón y acrílico. Escala 1:20 (foto Fais).

9.5. Quattro Associati. Proyecto de vitrinas para exposición itinerante de la joyería Bulgari. Escala 1:20.

9.13. Politécnico de Milán. Casa en Osmate de U. Riva. (Curso de Mobiliario, prof. G. Ottolini. AA. 1990-1991). Estudiantes: C. Noorda y R. Baroni. Maqueta en cartulina, madera y plexiglás. Escala 1:50.

9.15. L. Consalez y U. Pozzi. Maqueta del interior. Cartón pluma, madera y cartulina. Escala 1:20.

9.16. L. Consalez, U. Pozzi y C. Wolter. Concurso internacional "Cento chiese per Roma 2.000". 1994. Maqueta del, interior en plástico y cartón pluma. Escala 1:50.

10.1. Domus Academy. "Incubators" (curso de posgrado, prof. A. Branzi), 1996. Estudiante: S. Kanbayashi. Maqueta en plástico y MDF. Escala 1:100 (foto Baldassarri).

10.2. H. Nijric y H. Nijric. Concurso Europan 3 en Den Bosch, 1993. Escala 1:500.

10.3. ISAD (Istituto Superiore di Architettura e Design). Maqueta de un jardín con sal, cartulina y Vinavil. (Curso de Diseño de Espacios Exteriores y Jardines, prof. L. Consalez AA.1996-1997). Estudiantes: C. Young Ae, J. Youn Ei y S. Su Young. Escala 1:200.

10.4. Concurso Europan en Cremona, 1996. Maqueta en porexpán, papel y plástico. Escala 1:5.000.

10.5. L. Consalez, U. Pozzi. Restaurante en Porto Ceresio, 1995. Maqueta en plástico. Escala 1:100.

10.6. Maqueta en plástico y cartón pluma, acabados témpera en spray. Escala 1:50.

10.18. Domus Academy, "Incubators" (curso de posgrado, prof. A. Branzi), 1996. Estudiante: S. Kanbayashi. Maqueta en plástico y MDF. Escala 1:100 (foto Baldassarri).

10.19. L. Consalez y U. Pozzi. Concurso nacional para la proyectación de un conjunto escolar en Piedicastello (TN), 1993. Maqueta en cartulinas coloreadas. Escala 1:1.000.

10.22. C. Zucchi, P. Nicolini y A. Acerbi. Proyecto de infraestructura para el nuevo puerto recreativo y la recalificación del frente del canal Casal Borsetti (RN), 1994. Maqueta realizada por Bagatti Bronzisti (partes en metal) en cobre oxidado, cobre, cartulina vegetal gris y madera de balsa. Escala 1:500.

11.3. Domus Academy. "Incubators" (curso de posgrado, prof. A. Branzi), 1996. Estudiante: S. Kanbayashi. Maqueta en plástico y MDF. Escala 1:100.

11.5. ISAD (Istituto Superiore di Architettura e Design). Maqueta de un jardín en papel y cartulina. (Curso de Diseño de Espacios Abiertos y Jardines, prof. L. Consalez AA.1996-1997). Estudiantes: S. Martinola, A. Rojano Sotomayor y C. Rolfini. Escala 1:200.

11.8. G. Valle, M. Broggi y M. Burckhardt. Proyecto para un establecimiento Brion Vega en Agrate. Maqueta de Giovanni Sacchi, Milán, 1978.

11.9. Studio Ga. Concurso internacional de ideas para la reestructuración de Spreebogen, Berlín, 1992. Árboles de espuma de poliuretano. Escala 1:1.000.

11.10. C. Zucchi e A. Vigand. Casa unifamiliar en Abbiategrasso (MI), 1994. Maqueta realizada por el estudio 2G con piezas de madera, plexiglás y ramas de árboles. Escala 1:100.

11.11. M. Broggi y M. Burckhardt. Asilo en Milán, 1988. Maqueta en cartulina. Árboles de esponja natural. Escala 1:100 (foto Ballo).